Gestaltete Lebensräume

Herausgegeben von
Bibelpastorale Arbeitsstelle SKB, Zürich
wtb. Deutschschweizer Projekte Erwachsenenbildung, Zürich

Redaktionskreis
Dieter Bauer, Brigitte Schäfer, Angela Wäffler-Boveland, Peter Zürn

Band 8

Brigitte Schäfer (Hrsg.)

Gestaltete Lebensräume

Gärten als Orte der Verwandlung

Verlag Katholisches Bibelwerk

Bibeltexte sind entnommen aus der Einheitsübersetzung der Heiligen Schrift

www.bibelwerk.de

Umschlaggestaltung: ABSICHT AG, Stuttgart
Druck: J. F. Steinkopf Druck GmbH, Stuttgart

ISBN 3-460-08508-8

Inhaltsverzeichnis

III. Bibelarbeiten

Vorwort

Die Bibel beginnt mit Geschichten, die in einem Garten spielen. Dieser erste Garten wurde zum Urbild eines dem Menschen zugedachten und angemessenen Lebensraums, in dem auch Gott „zuhause ist". Durch die ganze Bibel hindurch gibt es immer wieder Szenen, die sich in Gärten abspielen, und Texte, die Gärten Bedeutungen zuschreiben, die letztlich mit diesem Zusammen-zu-Hause-sein von Gott und Menschen zu tun haben. Ganz am Ende der Bibel verwandelt sich der Urgarten in eine Stadt, das neue Jerusalem, das vom Himmel herabsteigt. Auch hier heißt es wieder, dass Gott bei den Menschen wohnt (Offb 21, 3). Das Bild des Gartens umschließt die Erfahrungen der Menschen mit Gott, die in den biblischen Texten aufbewahrt sind, wie eine Mauer oder ein Gartenzaun die Pflanzen, die in ihrem Schutz wachsen.

Gärten sind Orte der Verwandlung. Sie entstehen dort, wo Menschen ein Stück Natur gestalten, dem zufällig Gewordenen eine Form geben. Im Garten ist dieser Gestaltungsprozess nie abgeschlossen. Zieht sich der Mensch zurück, verwildert der Garten und wandelt sich wieder in Natur. Wachsen und welken, werden und vergehen sind im Garten immer präsent. Bereits am Abend betritt niemand den gleichen gestalteten Naturraum, wie er ihn am Morgen verlassen hat. Dennoch sind Gärten Orte der Ruhe, denn ihre Wandlung geschieht langsam, fast unmerklich. Geschichten, die in Gärten spielen, geben den beteiligten Personen Raum für eigene innere Wandlungen.

Auf den Garten als Schauplatz vielfältiger Erfahrungen von Menschen miteinander und mit Gott richten wir in dieser Werkstatt unsere Aufmerksamkeit. Aus einer größeren Fülle von entsprechenden Texten haben wir sieben ausgewählt, die uns selber zur Bearbeitung reizten. Sie sind ganz unterschiedlich und stammen aus verschiedenen Entstehungszeiten und -kontexten.

Für die Bibelarbeiten haben wir als Schwerpunkt eine eher meditative Methode gewählt, die uns zum Thema Garten passend erschien: das Gestalten mit Legematerial. Da wir keine Hinweise fanden, wie diese Methode in der thematischen Arbeit mit Erwachsenen oder in der Bibelarbeit eingesetzt werden könnte, waren wir ganz auf unsere Phantasie und Kreativität angewiesen. Im Lauf der Erarbeitung offenbarte die zunächst einfach scheinende Methode ihr Potential. Die reichen Möglichkeiten der Gestaltungen und die Tiefe der damit verbunden Erfahrungen überraschten uns selber immer wieder.

Wie in anderen „Werkstätten" zuvor hat sich eine recht große Projektgruppe im Winter 2003/2004 regelmäßig in Zürich getroffen, um die Verläufe auszuprobieren, kritisch zu analysieren und zu verbessern. Während dieser Zeit ruhten unsere eigenen Gärten – zumindest teilweise – unter der Schneedecke, nährten unsere Erinnerungen an mühevolle Arbeit und erholsame Stunden und unsere Sehnsucht nach Wärme, Wachstum und dem Duft von Erde, Blüten und Früchten.

Mein herzlicher Dank geht an die Mitglieder der Projektgruppe, die ihre Experimentierfreude, Phantasie und Arbeitskraft diesem Buch zur Verfügung gestellt haben:

Thomas Bär
Dieter Bauer
Gertrud Bolliger
Heidi Décurey
Katharina Funk
Lisbeth Güttinger
Ursula Hartmann
Andrée Lappé
Lily Lutz-Ewan
Verena Olesen
Christian Refardt
Johanna Scheifele
Erika Steiner
Vreni Wyss

Luzern, im September 2004

Brigitte Schäfer

I. Teil

Bibeltheologische Einführung

1 Gärten – Orte der Verwandlung

In einem Garten ging die Welt verloren, in einem Garten ward sie erlöst. (Blaise Pascal[1]*)*

Der französische Philosoph und Mathematiker Pascal bringt unter Anspielung auf den Garten Eden in Gen 2-3 und die Gärten in der Passionsgeschichte des Johannes die zentrale symbolische Bedeutung des Gartens auf den Punkt: Gärten sind Orte der Verbindung von Gegensätzen und der Verwandlung.

Gärten bilden seit jeher eine unabdingbare Voraussetzung menschlichen Lebens und Gedeihens und erhielten in allen Kulturen einen Wert, der über ihren ökonomischen Nutzen weit hinausgeht. „Schon in der frühen Vorzeit lernten die Menschen Pflanzen anzubauen. Über die Jahrhunderte und Jahrtausende sammelten sie immer mehr Erfahrungen mit der gartenmäßigen Nutzung, Vermehrung und Pflege von Pflanzen. Der Garten, ohne den menschliches Leben nicht möglich gewesen wäre, wurde im langen Zeitraum der Geschichte zum Sinnbild für die untrennbare Verbindung von Mensch und Natur."[2] Gärten sind weder reine Natur noch reines Menschenwerk, aber sie brauchen beides. Der Gärtner, die Gärtnerin muss arbeiten, aber auch wachsen lassen können. Aktivität und Passivität gehören zur Gartengestaltung. Die zweite Schöpfungsgeschichte in Gen 2 berichtet in den Versen 8 und 9, wie Gott für den Menschen einen Garten anlegte und Bäume wachsen ließ. In Vers 15 wird dann der Mensch hineingesetzt, um den Garten zu bebauen und zu bewahren. In der lateinischen Übersetzung begegnet hier das Verb, das unserem Wort „Kultur" zu Grunde liegt. Kultur ist diejenige Tätigkeit, die dem Menschen im Garten als seinem zugewiesenen Lebensraum aufgetragen ist, auf der Grundlage dessen, was schon vorhanden und am Wachsen ist.

Der Mensch selbst stammt nach dieser Schöpfungsgeschichte nicht aus dem Garten. Er wurde dort geschaffen, wo noch nichts wuchs und noch nichts war außer Erde und Wasser (Gen 2,5-7). Im Garten jedoch wird er zu Mann und Frau (Gen 2,21-25). Der Garten wird damit auch der Ort des Spiels der Geschlechter.

Kultur als Pflege des Gartens und Kult als Verehrung der Mächte, welche die Grundlage des Gartens gelegt haben, entstammen nicht nur

---

[1] Pascal (1623-1662), zitiert bei TEICHERT, S. 9

[2] CARROLL-SPILLECKE, S. 289

sprachlich derselben Wurzel. „Gewiss brauchten die sesshafter werdenden Menschen angebaute pflanzliche Nahrung. Aber schon die Blumen (...) lassen sich nicht mehr funktional wirtschaftlich einordnen. Der Zusammenhang der Worte „Kultur" und „Kult" (...) lässt eher auf eine religiöse als auf eine wirtschaftliche Notwendigkeit der Gartenentstehung schließen. Deshalb erinnern viele alte Religionen an einen ausgegrenzten Gartenraum, ein Paradies, das am Anfang war."[3] Gewiss ist, dass der Garten in den alten Kulturen für beide Bereiche zentrale Bedeutung hatte.

Die Worte verschiedener Sprachen für Garten bezeichnen eigentlich die Umzäunung, so auch unser deutsches Wort „Garten", das wie das lateinische „hortus" von der indoeuropäischen Wurzel ghordo-s abgeleitet ist, ebenso das ursprünglich altpersische Wort Paradies (pairi-dae'-za), das erst als Lehnwort in der griechischen Übersetzung von Gen 2 eine mythisch-religiöse Bedeutung erhielt[4]. Merkmal des Gartens ist seine Abgrenzung, einerseits gegenüber der ungestalteten und im Nahen Orient meist auch unwirtlichen Natur, andererseits gegenüber öffentlichem Grund. So wird der Garten zu einem geschützten, privaten kleinen Kosmos, von dem alles Fremde, Feindliche und Zerstörerische ferngehalten wird. Ein idealer Lebensraum, der realen Umgebung jedoch nur durch Arbeit und Wissen abzugewinnen.

Die Abgrenzung hat nicht nur praktische Gründe. „Ethnologen und religionspsychologische Forscher haben herausgefunden, dass die Erfahrung eines abgegrenzten Raumes, der erst die formlose Weite der Erde strukturiert, so etwas ist wie ein erstes Schöpfungserlebnis. Es wird nämlich eine Grenze gezogen zwischen einem bedeutungsvollen Gehege und einer formlosen Gegend ohne Struktur und Festigkeit. Diese Grenze lässt den Garten entstehen, so dass er, mit Mircea Eliade, ‚ein primäres religiöses Erlebnis' ist, das aller Reflexion über Welt und Mensch vorausgeht".[5]

Die Sehnsucht der Menschen, in einem Paradiesgarten zu leben, ist also auch die Sehnsucht nach Bedeutung und Struktur, die Furcht vor einem Leben in Formlosigkeit, Zufälligkeit und Relativität.

Vorstellungen mythischer idealer Gärten sind vielen Kulturen eigen. Sie prägen bis in unsere Zeit Bilder und Sehnsüchte der Menschen. Das folgende Kapitel wirft einen Blick auf die Paradiese der Kulturen im Umfeld der Bibel.

---

[3] TEICHERT, S. 11

[4] Siehe MAYER-TASCH, S .12

[5] TEICHERT, S. 11

Im Garten
atmet die Zeit
freier
Ich atme ein
ihren Duft
Er atmet
mich aus

(Rose Ausländer)

Paradieserzählungen sind „Urgeschichten" in dem Sinn, dass sie in mythischer Form Grundbedingungen des Menschseins formulieren. Die Sehnsucht nach dem Garten, die Reise zum Garten, das Leben im Garten, und schließlich der Verlust des Gartens sind offenbar Bilder, die alle Menschen aus eigenen Erfahrungen nachvollziehen können.

Gilgamesch

Der Titelheld des sumerisch-babylonischen Gilgamesch-Epos aus dem 12. vorchristlichen Jahrhundert macht sich nach dem Tod seines Freundes auf die Suche nach dem Garten, in dem er das Kraut der Unsterblichkeit zu finden hofft. Die Suche nach dem Paradies entspringt der Erkenntnis der Endlichkeit des Lebens. Gilgamesch erreicht tatsächlich das Paradies und wundert sich, wie ähnlich es der ihm vertrauten Welt ist. Er bekommt auch das gesuchte Kraut, verliert es aber auf dem Rückweg wieder. So ähnlich Paradies und Welt in dieser Vorstellung aussehen, so unerreichbar weit entfernt liegen sie letztlich.

Ägypten

Die Paradiesvorstellungen der alten Ägypter sind eng verbunden mit dem Totenkult. Zahlreiche Gartendarstellungen finden sich in Gräbern (vgl. nächstes Kapitel). Der Garten ist Aufenthaltsraum der Verstorbenen und Ort ihrer Wiedergeburt. Tod und Leben, Diesseits und Jenseits, sind hier vereint. Wachsen und Vergehen sind im Garten direkt erlebbar und lassen ihn zum Sinnbild für den Kreislauf des Lebens, für das ewige Leben werden.

Griechen und Römer

Die griechische Kultur kennt verschiedene Paradiesvorstellungen. Das Goldene Zeitalter, von dem Hesiod (7.Jh.v.Chr.) in seinem Hauptwerk „Werke und Tage“ berichtet, ist in der Vorzeit angesiedelt und als Garten geschildert, der von selbst Frucht bringt. Damit kommt er dem märchenhaften Schlaraffenland nahe. Von den „Inseln der Seligen“ heißt es, dass die Erde dreimal im Jahr Frucht bringe, ohne bebaut werden zu müssen. In Homers Odyssee (IV) liegt das „Elysion“ an den Enden der Erde; dort führen die Menschen ein „ruhiges Leben“. Im Garten der Hesperiden wachsen Bäume mit goldenen Äpfeln, die als Symbol der immer wiederkehrenden Fruchtbarkeit, d.h. der Unsterblichkeit galten. Alle diese griechischen Paradiesgärten liegen – im Gegensatz zum biblischen Garten Eden – im Westen, im Sonnenuntergang, dort, wo die Toten begraben werden.
Der Schlaraffenland-Charakter verstärkt sich noch in den Paradiesvorstellungen der Römer. Diese werden zum Gegenbild einer politischen Weltmacht, verherrlichen das einfache ländliche Leben, in dem Liebe, Musik und Dichtung Raum haben. Vergils „Arkadien“ ist eine Gartenidylle, die auch regressiven Charakter hat.

Moderne Paradiesvorstellungen

Diese Paradiesvorstellungen[6] prägen auch heute noch unsere Bilder und Sehnsüchte mit. Wenn wir vom biblischen Paradies sprechen, mischen sich Vorstellungen aus anderen Kulturkreisen meist unreflektiert darunter. Dazu kommen die neuen Paradiesvorstellungen, die uns die Werbung der Reisebranche täglich präsentiert. Die Bibelarbeit 6 will dazu anregen, sich dieser vielfältigen Einflüsse bewusst zu werden und die biblische Geschichte vom Garten Eden, die bereits zu ihrer Entstehungszeit kritisch mit den damaligen Mythen umging, nochmals neu zu lesen.
Die literarischen Paradiesschilderungen haben reale Gartengestaltungen durch die Jahrhunderte bis heute geprägt[7]. In diesem Zusammenhang hier interessieren uns jedoch nur die Gärten im räumlichen und zeitlichen Umfeld der Bibel.

---

[6] Vgl. dazu TEICHERT, S. 19-34
[7] Vgl. dazu MAYER-TASCH

3 Gärten im alten Orient

Gott der Allmächtige pflanzte zuerst einen Garten, und in der Tat ist dies die reinste aller menschlichen Freuden: es ist die größte Erfrischung für den Geist des Menschen, ohne welchen alle Gebäude und Paläste nur rohe Machwerke sind. (Francis Bacon[8])

Unter den klimatischen Bedingungen des vorderen Orients gewinnen Gärten in verschiedener Hinsicht eine besondere Bedeutung. Sie bieten durch ihre Mauern einen privaten Raum außerhalb des Hauses. Durch ihre Bäume gewähren sie einen angenehmen, schattigen Aufenthalt im Freien. Sie erlauben dank ihrem Bewässerungssystem den ganzjährigen Anbau von Nutzpflanzen. Sie repräsentieren sozialen Status, Reichtum und Macht.
Über die Gärten des Alten Orients geben Texte, Abbildungen und archäologische Funde Auskunft, wobei letztere (außer in Ägypten) eher spärlich vorhanden sind. Vor allem die beiden Hochkulturen in Ägypten und Mesopotamien haben eine hohe Kunst des Gartenbaus entwickelt, die in dieser Region im Wesentlichen die Kunst der Bewässerung ist.

Privatgärten

In Ägypten bildete meist ein rechteckiges Wasserbecken das Zentrum des Gartens. Der Wasserspiegel richtete sich nach dem Stand des Nils bzw. nach dem Grundwasserspiegel und unterlag den entsprechenden Schwankungen. Der Teich, in dem auch Fische und Wasservögel lebten, wurde von Baum- und Palmenreihen umgeben. Der Wirtschaftsgarten umfasste drei Teile, die meist nebeneinander lagen: Gemüse-, Obst- und Weingarten. Die Vielfalt der angebauten Nutzpflanzen war groß: Texte lassen auf etwa 370 Sorten schließen. Im Neuen Reich ist dann fast nur noch von Lustgärten die Rede, die hauptsächlich der Erholung dienten, obwohl auch in ihnen Nutzpflanzen angebaut wurden. So heißt es in einer Grabinschrift: „Du lustwandelst nach Belieben an den schönen Ufern deines Teiches; dein Herz erfreut sich an deinen Bäumen und erfrischt sich unter deinen Sykomoren; dein Herz ist zufrieden mit dem Wasser deines Brunnens, den du gemacht hast, damit er dauert ewig

---

[8] Bacon (1561-1626) in seiner Anleitung zur Anlage fürstlicher Gärten. Zitiert nach SARKOVICZ, S. 19

und für immer."[9] Seit dem Alten Reich gehörte in die Nähe eines besseren Hauses ein Garten, der gegen außen mit einer bis zu drei Meter hohen Mauer umgeben war. Ausgrabungen in Amarna zeigen, dass Gärten von Villen bis zur Hälfte der Gesamtfläche eines Anwesens ausmachten und ohne weiteres 60 mal 30 Meter messen konnten.[10]

Abb.1: Ägyptische Gartendarstellung (Wandmalerei aus Theben), oben rechts präsentiert eine Baumgöttin Früchte.

In Mesopotamien lagen die Gärten vermutlich meist außerhalb der Stadtmauern. In den dicht gebauten Städten war normalerweise kein Platz für Gartenanlagen. Im Gilgamesch-Epos[11] wird angegeben, ein Drittel der Gesamtfläche der Stadt Uruk sei Garten gewesen (daneben

[9] HUGONOT, S. 18
[10] HUGONOT, S. 19
[11] DAS GILGAMESCH-EPOS, Tafel XI, 306-307

ein Drittel eigentliche Stadt und ein Drittel Flussniederung). Die Gärten waren mit Bäumen bepflanzt, in deren Schatten auch niedrigere Pflanzen und Blumen gedeihen konnten. Nur in der Nähe eines Wasserlaufs, der eine ganzjährige Bewässerung garantierte, konnten Gärten angelegt werden, die mit einem Kanalsystem versorgt sein mussten. In den Städten, die ja auf ihren eigenen Ruinen zu Hügeln wuchsen, wären für die Bewässerung von Gärten umfangreiche Hebevorrichtungen nötig gewesen. Teiche waren teilweise vorhanden, spielten aber nicht die gleiche Rolle wie in den ägyptischen Gärten.
Die ganzjährig bewässerten Gärten, in denen Obst und Gemüse angebaut wurden, waren getrennt von den übrigen Anbauflächen. Das zeigen Verwaltungstexte, die häufig „Acker, Garten und Haus" zusammen nennen und damit angeben, dass eine wirtschaftliche Einheit aus diesen drei eigenständigen Bereichen bestand.
Die Gärten waren mit etwa zwei Meter hohen Mauern gegen Mensch und Tier, gleichzeitig auch gegen übermäßige Verdunstung geschützt.[12]

Abb.2: Palmen und Obstbäume stehen zwischen Stadtmauer und Flusslauf (dargestellt ist die Stadt Madaktu in Elam).

[12] MARGUERON, S. 51ff

Palastgärten

Zu den Königspalästen gehörten großzügige Gartenanlagen, die r
nur dem angenehmen Aufenthalt der königlichen Familie dienten,
dern mythische und kosmische Bedeutung hatten. Sie enthielten als W
im Kleinen oft möglichst alle bekannten Pflanzenarten und manch
auch einen Zoo. Die Gärten waren zudem Abbild des Reiches und
Pflege der königlichen Gärten war Sinnbild für die Aufgabe des Kön
den Lebensraum der Menschen zu schützen und zu bewahren.
In der ganzen Antike berühmt wurden die „hängenden Gärten“ in Ba
lon, die König Nebukadnezar II offenbar hoch über den Mauern
Stadt bei seinem Palast hatte anlegen lassen und welche die Griech
später zu den 7 Weltwundern zählten.[13]
Die persischen Königsgärten, die unserem „Paradies“ ihren Namen l
hen, waren riesige Parks, in denen sogar gejagt werden konnte. So b
richtet der griechische Geschichtsschreiber Xenophon (4.Jh.v.Chr.):
„Überall, wo der König sich aufhält, werden die paradeisoi genannt
Gärten angelegt, die aufs schönste mit Bäumen und allem Schönen, w
die Erde hervorbringt, versehen sind.“[14]

Abb.3: Der König erholt sich im Garten (neuassyrisches Flachrelief aus Ninive)

---

[13] Zu den antiken Berichten über die Hängenden Gärten vgl. BRODERSEN

[14] Zitiert bei KIRCHHOFF, S. 76

Tempelgärten

Die Tempel waren meist mit Gärten verbunden. Diese ernährten das Tempelpersonal und brachten Früchte für Opfergaben ein.

Abb.4: Tempelgarten mit Kanalsystem (neuassyrisches Flachrelief aus Ninive)

Gottheiten, die für die Fruchtbarkeit und das Wachstum zuständig waren, hatten jedoch auch ihren Sitz, d.h. ihre Statuen, in Privatgärten (vgl. Abb.1). Der ägyptische Garten, in dem üblicherweise ein Pavillon mit Säuleneingang stand, glich selbst einer kleinen, privaten Tempelanlage.

Abb.5: Ägyptischer Garten mit Säulenpavillon (Thebanische Grabmalerei)

Grabgärten

In Ägypten standen Gärten auch in Verbindung mit Gräbern. Bei der Beisetzung fanden dort Zeremonien statt. Die Gärten sicherten dem Verstorbenen Weiterleben und Wiedergeburt. Im Gebet eines Verstorbenen heißt es: „Gewähre, dass ich ein- und ausgehe in meinem Garten, dass ich mich kühle in seinem Schatten, dass ich Wasser trinke aus meinen Teichen jeden Tag, dass ich lustwandle am Ufer meines Teiches ohne Unterlass, dass meine Seele sich niederlasse auf den Bäumen...".[15]

Gärtner und Gartenarbeit

Die soziale Stellung des Gärtners entsprach in Ägypten etwa der des Bauern. Wie schwer diese Arbeit war, schildert ein Text aus der „Lehre des Cheti" (1800v.Chr.): „Der Gärtner trägt das Joch; seine Schultern sind wie vom Alter gebeugt. Er hat so viele Geschwüre auf seinem Nacken, dass dieser einer eitrigen Wunde gleicht. Des Morgens begießt er das Gemüse und am Abend die Schat-Pflanze, wobei er den ganzen Tag im Obstgarten verbringt. Dann fällt er todmüde um, und das gilt für ihn mehr als in jedem andern Beruf". (Hugonot 16-17)

Abb.6: Ein Gärtner schöpft Wasser aus einem Kanal mit einem „Schaduf", wie er heute noch in Ägypten gebraucht wird. (Thebanische Grabmalerei)

---

[15] Zitiert bei KIRCHHOFF, S. 77

4 Gärten in der Bibel

Der Garten ist ein Stück Himmel auf Erden, ein Willkommensgruss Gottes an den Menschen, wenn er zur Welt kommt. (Hans Eidenberger)

Reale Gärten

Der Garten Gottes als Lebensraum für den Menschen[16] bildet den Verstehenshintergrund für die biblische Rede von Gärten. Über die realen Gärten zu den Zeiten und an den Orten der biblischen Texte dagegen erfahren wir nicht viel Genaues. Die hoch entwickelte Gartenbaukultur Ägyptens und Mesopotamiens beeinflusste auch die Gärten Palästinas. Insbesondere aus dem babylonischen Exil brachten die zurückkehrenden Israeliten verschiedene neue Pflanzen mit, darunter etwa die Rose[17].
Auch in der Bibel wird unterschieden zwischen den Gärten, die dem Anbau von Gemüse und Früchten sowie der Erholung dienen und dem Feld oder Acker, auf dem Getreide, Hülsenfrüchte und anderes angebaut wird. Zu den „Früchten des Feldes" gehören jedoch auch verschiedene Obstsorten:

„Kahl liegt das Feld, der Acker trauert; denn das Korn ist vernichtet, vertrocknet der Wein, das Öl ist versiegt. Die Bauern sind ganz geschlagen, es jammern die Winzer; denn Weizen und Gerste, die Ernte des Feldes ist verloren. Der Weinstock ist dürr, der Feigenbaum welk. Granatbaum, Dattelpalme und Apfelbaum, alle Bäume auf dem Feld sind verdorrt; ja, verdorrt ist die Freude der Menschen." (Joel 1,10-12)

Eine besondere Stellung nehmen Wein- und Olivengärten ein. Sie werden in Aufzählungen von Besitztümern oft speziell erwähnt. So ermahnt Nehemia die reicheren Israeliten, den Armen ihre Güter zurückzugeben, die sie, um nicht zu verhungern, verkauft oder verpfändet hatten:

„Gebt ihnen unverzüglich ihre Äcker und Weinberge, ihre Ölgärten und Häuser zurück, und erlaßt ihnen die Schuld an Geld und Getreide, Wein und Öl, die sie bei euch haben." (Neh 5,11)

---

16 Zum Garten Eden vgl. die Informationen zur Bibelarbeit 6 S. 84ff
17 Siehe STALDER S. 22

Gärten gehörten bei solchen Aufzählungen möglicherweise zu den Häusern. Nur selten werden sie speziell genannt:

„Seht, es kommen Tage – Spruch des Herrn –, da folgt der Pflüger dem Schnitter auf dem Fuß und der Keltertreter dem Sämann; da triefen die Berge von Wein, und alle Hügel fließen über. Dann wende ich das Geschick meines Volkes Israel. Sie bauen die verwüsteten Städte wieder auf und wohnen darin; sie pflanzen Weinberge und trinken den Wein, sie legen Gärten an und essen die Früchte." (Amos 9,13-14)

Jeremia hielt es für das Wohlergehen der Israeliten im babylonischen Exil für wichtig, sich in die dortige Kultur zu integrieren. Dazu gehörte auch das Anlegen von eigenen Gärten[18]. Darum schrieb er in einem Brief:

„So spricht der Herr der Heere, der Gott Israels, zur ganzen Gemeinde der Verbannten, die ich von Jerusalem nach Babel weggeführt habe: Baut Häuser, und wohnt darin, pflanzt Gärten, und eßt ihre Früchte!" (Jer 29,4-5)

Feld und Acker befinden sich außerhalb der Siedlungen. Ein Garten dagegen, der in der Nähe des Hauses liegt, ist selbst für einen König erstrebenswert. So versucht Ahab Nabot zu einem Grundstücktausch zu überreden:

„Gib mir deinen Weinberg! Er soll mir als Gemüsegarten dienen; denn er liegt nahe bei meinem Haus. Ich will dir dafür einen besseren Weinberg geben. Wenn es dir aber lieber ist, bezahle ich dir den Kaufpreis in Geld." (1 Kön 21,2)

Die Könige Israels hatten wie ihre Nachbarn Palastgärten. Durch diesen gelang König Zidkija mit seinen Leuten nachts die Flucht aus der von den Babyloniern belagerten Stadt (2 Kön 25,4). Von Manasse und seinem Sohn wird berichtet, dass sie in ihrem Garten begraben wurden (2 Kön 21,18 und 26).
Im Zusammenhang mit dem Tempel wird in biblischen Texten nie von einem Garten gesprochen. Jedoch fanden offenbar in Gärten traditionellerweise religiöse Riten (Opfer, Weihen und Reinigungen) statt, die nicht dem israelitischen Gott Jahwe galten (Jes 65,3 und 66,17).

---

[18] Heute nützen wir Jeremias Ratschlag zur Integration der Menschen aus fremden Kulturen, die bei uns leben. Vgl. Schlangenbrut 85 (Mai 2004) zum Thema Gärten.

Gericht und Verheißung im Bild des Gartens

Der Garten ist ein Bild für das Wohlergehen des Einzelnen wie des ganzen Volkes. Das Gericht Gottes über Israel oder auch andere Völker wird darum oft konkretisiert, indem die Zerstörung eines Gartens beschrieben wird (z.B. Jes 1,30; 10,18; 17,10-11; Klgl 2,6; Am 5,9). Umgekehrt nehmen Heilsverheißungen die Gestalt von Schilderungen eines blühenden Gartens an (z.B. Num 24,6-7; Jes 41,17-20). Dieser „Garten des Heils" (Ez 34,29) ist Gottes Garten. Er pflanzt und pflegt ihn wie ein Gärtner (Ps 80,16). Natürlich ist hier auch wieder die Vorstellung vom ursprünglichen Lebensraum im Spiel, den Gott den Menschen zugedacht hat:

„Das verödete Land wird bestellt, es liegt nicht mehr öde vor den Augen all derer, die vorübergehen. Dann wird man sagen: Dieses verödete Land ist wie der Garten Eden geworden; die zerstörten, verödeten, vernichteten Städte sind wieder befestigt und bewohnt." (Ez 36,34-35)

Gärten im Neuen Testament

Im Neuen Testament ist insgesamt wenig von Gärten die Rede.
In der Passion des Johannesevangeliums sind zwei Gärten Schauplätze für zentrale Vorgänge: die Verhaftung Jesu (vgl. Bibelarbeit 4), seine Bestattung und die Erscheinung Jesu vor Maria von Magdala (vgl. Bibelarbeit 1). Die beiden Gärten haben keine Namen, ihre Besitzer sind unbekannt, aber sie sind offenbar frei zugänglich. In den Passionserzählungen der Synoptiker dagegen ist nicht von Gärten die Rede. Die Verhaftung Jesu findet in einem Grundstück namens Getsemani (Mk 14,32/Mt 26,36), bzw. nach Lukas am Ölberg statt. Das Grab liegt offenbar nicht in einem Garten.
Die zweite Stelle, an der ein Garten erwähnt wird, ist das kurze Gleichnis vom Senfkorn (vgl. Bibelarbeit 5). Allerdings ist es auch hier wieder nur eine Version, die des Lukas, die den Menschen das Samenkorn in einem Garten in die Erde legen lässt. Bei Matthäus wird es dagegen auf den Acker gesät.
Man kann aus diesen wenigen Stellen insgesamt und aus dem Fehlen des Gartens jeweils in den Parallelstellen der Texte schließen, dass Gärten im Neuen Testament keine Bedeutung haben. Man kann umgekehrt auch folgern, dass der Garten gerade an den wenigen Stellen, wo er erwähnt ist, eine besondere Bedeutung haben muss.

II. Teil

Methodische Einführung

1 Gestalten mit Legematerial

Gärten zeichnen sich dadurch aus, dass sie von Menschen – mehr oder weniger stark – gestaltet sind. Für die Arbeit an diesen Bibeltexten haben wir darum eine Methode gewählt, die diese Tätigkeit in den Mittelpunkt stellt: Das Gestalten mit Legematerial.

In der Arbeit mit Kindern, etwa im Religionsunterricht, wird zur Vertiefung verschiedener Themen, auch biblischer Geschichten, häufig mit Legematerial gearbeitet. Für die Erwachsenenbildung haben wir die Methode nirgends ausführlicher erarbeitet und beschrieben gefunden. Die folgenden Gedanken zu dieser Art, mit biblischen Texten zu arbeiten, sind aus den Erfahrungen in unserer Projektgruppe entstanden und ermuntern hoffentlich zu ähnlichen Experimenten.

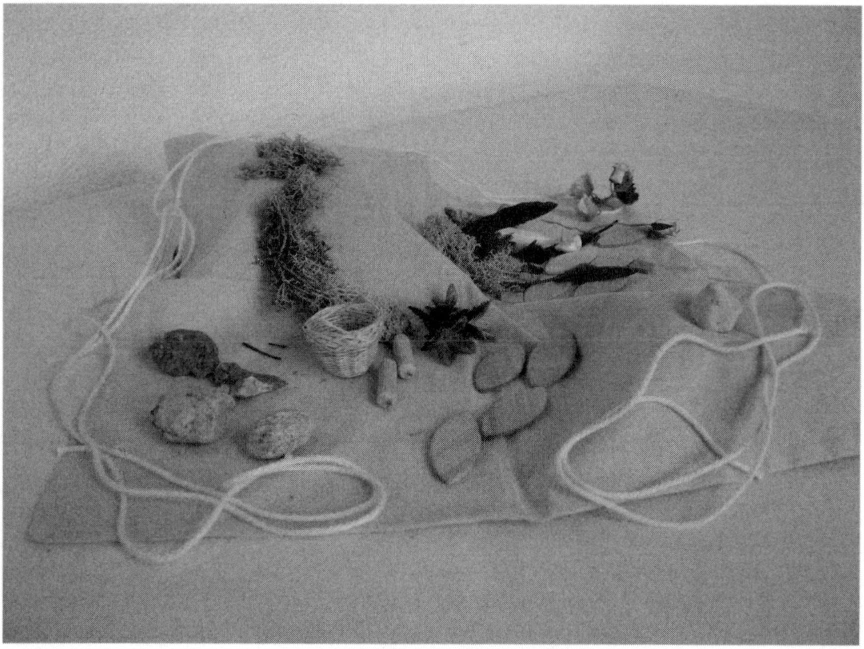

Abb.7: Gartengestaltung mit Legematerial (zu Bibelarbeit 4)

Wandelbarkeit

Gestalten mit Legematerial ist eine visuelle Methode, die zudem starke taktile Elemente enthält. Ihr Vorteil besteht zum einen in der Einfachheit: Gegenüber anderen Gestaltungsmethoden wie Malen oder Formen weckt das Legematerial weniger Widerstände und Befürchtungen, irgendwelchen Ansprüchen nicht zu genügen. Das mag mit dem zweiten Vorteil zusammenhängen: Was gelegt ist, lässt sich leicht und ohne sichtbare Spuren umgestalten. Diese Eigenheit eröffnet auch für den Einsatz in der Erwachsenenbildung oder der Bibelarbeit didaktische Möglichkeiten, die mit anderen Gestaltungsmethoden weniger gegeben sind. Gleichzeitig verbindet sich damit jedoch eine Schwierigkeit: Die Gestaltungen sind fragil. Sie lassen sich schlecht transportieren und aufbewahren - außer, man würde die Materialien schlussendlich fixieren. Eine Fotografie dagegen gibt nur ein reduziertes Abbild, das allenfalls die Erinnerung an die Gestaltung unterstützen kann.
Zum Gestalten mit Legematerial gehört darum immer auch das Abschiednehmen und Abräumen. Wir haben in den Bibelarbeiten diesem Schritt viel Aufmerksamkeit geschenkt, weil er für einzelne Teilnehmende in bestimmten Situationen recht schwierig sein kann. Auf jeden Fall ist bei dieser Arbeit das Thema Abschied und Loslassen immer präsent, mit welchen Themen oder biblischen Texten wir auch arbeiten. Sie erinnert dabei an die Mandalas der tibetischen Mönche, die ja über Tage aus Sand gestreut oder aus Blumen gelegt und dann zusammengewischt oder dem Wind überlassen werden.

Ästhetik

Im Kontext der thematischen Arbeit mit Legematerial ist weniger das Ergebnis als der Prozess des Gestaltens von Bedeutung. Dennoch haben wir auch immer Zeit eingeräumt, um die verschiedenen Gestaltungen einfach nur zu betrachten. Auf diese Weise werden Aspekte des Themas wie auch Persönlichkeitsanteile derjenigen, die das Legebild gestaltet haben, über Formen, Farben und Anordnungen wahrnehmbar, ohne dass die Betrachtenden genau „wissen“, was dargestellt ist.
Beim Gestalten mit Legematerial kann man keine Fehler machen. Im Gegensatz etwa zum Mandala-Legen gibt es hier keine vorgegebenen Muster. Ziel ist nicht, etwas möglichst Schönes oder Harmonisches darzustellen, sondern – je nach Aufgabenstellung – dem Ausdruck zu geben, was Thema ist.

Im Gegensatz zum Malen ist mit dem Legematerial – wenn auch in eingeschränktem Maß – dreidimensionales Gestalten möglich. Dadurch kann ein Legebild aus verschiedenen Perspektiven betrachtet werden und erscheint immer wieder etwas anders. Einzelne Elemente lassen sich verbergen oder können nur aus einem ganz bestimmten Blickwinkel wahrgenommen werden. Die Gestaltungen erhalten so eine gewisse Tiefe, die eben auch fotografisch nicht vermittelt werden kann.

Abb.8: Gartengestaltung mit Legematerial (zu Bibelarbeit 7)

Die Abstraktion gegenüber der realen uns umgebenden Welt ist durch die Dreidimensionalität weniger ausgeprägt als bei Bildern. Gewisse Elemente eines Gartens beispielsweise können – wenn auch in verkleinerter Form – direkt in die Gestaltung einbezogen werden (etwa Steine oder Blumen). Wir sind durch die modernen Medien ja zunehmend gewohnt, die Welt nur noch durch zweidimensionale Abbildungen wahrzunehmen, so dass Gestalten und Wahrnehmen in drei Dimensionen für manche Menschen schon fast wieder ein besonderes Erlebnis ist. Dazu kommt, dass die verwendeten Materialien je nach dem auch den Tast- und den Geruchssinn (manchmal sogar den Geschmackssinn) anregen. Dies ist vor allem bei Naturmaterialien der Fall. Neben haltbaren Gegenständen können jeweils auch Dinge für eine Einheit mitgebracht werden, die danach weggeworfen (oder möglicherweise sogar aufgegessen) werden.

Symbolik

Gestalten mit Legematerial ist eine Methode, die stark mit Symbolen arbeitet. Das Wort Symbol weist in einen abstrakten Bereich, hat aber ursprünglich einen ganz konkreten Hintergrund: Im antiken Griechenland wurde nach einem Freundschaftsbesuch dem Gastgeber ein Teil eines zerbrochenen Tongegenstandes überreicht, der bei einem Gegenbesuch des Gastgebers oder eines Angehörigen als Erkennungszeichen dienen konnte. Die beiden Teile wurden „zusammengeworfen" – so die wörtliche Bedeutung des Begriffs Symbol – und wiesen damit „symbolisch" auf die freundschaftliche Zusammengehörigkeit der beiden Besitzer hin.

Ein Symbol ist also ein Gebilde, dem ein bestimmter Sinn verliehen wurde, der über bzw. hinter der sinnlich wahrnehmbaren Erscheinung des Gebildes liegt. Ein Symbol erklärt sich nicht selbst (wie ein Zeichen), sondern ist auf Vermittlung angewiesen oder bleibt eben entsprechend offen.

Gewisse allgemeine Symbole sind jedoch einem Kulturkreis oder sogar der Menschheit gemeinsam, weil sie auf urmenschliche Erlebnisse zurückgehen. Der Schweizer Psychiater Carl Gustav Jung nannte diese „archetypisch"[19]. Symbolische Bilder werden darum manchmal auch „verstanden", wenn sie nicht erklärt werden.

Die Legebilder bestehen aus einzelnen Symbolen und bilden gleichzeitig durch ihre besondere Anordnung ein komplexes Symbol, das die eigene innere Symbolwelt einer Person, die kollektive geistig-seelische Grundlage und die in den biblischen Texten enthaltenen Erfahrungen früherer Generationen zusammenfügt.

---

[19] Vgl. die Informationen zu Bibelarbeit 5 S. 78

Mandalas

Die Methode des Gestaltens mit Legematerial weist gewisse Ähnlichkeiten auf mit Mandalaarbeiten, die heute auch zunehmend in den Unterricht vor allem mit kleineren Kindern integriert werden. Die Unterschiede zur Intention des Mandala-Legens[20] sind jedoch sehr zu beachten.
Das Wort Mandala stammt aus dem Sanskrit und bedeutet Kreis. Meist bildet dieser die Grundform, die dann mit anderen Grundformen (Dreieck, Quadrat, Kreuz, Stern usw.) gestaltet wird. Das ganze Bild ist auf die Mitte hin zentriert und symmetrisch geordnet. Das Legen und Betrachten eines Mandalas soll zur eigenen Mitte führen. Ein Mandala ist in gewissem Sinn Abbild der kosmischen Ordnung.
Die Ähnlichkeit zu unserer Methode besteht in der Tätigkeit des Legens und im verwendeten Material. Die Zielsetzung ist jedoch eine ganz andere. Beim Mandala-Legen drückt die Gestaltung nichts weiter aus als eine – wohl selbst gewählte, dann aber konsequent durchgehaltene – Ordnung der Symbole im Kreis. Beim thematischen Gestalten mit Legematerial, wie wir es in diesen Bibelarbeiten einsetzen, wird je nach Aufgabenstellung ein Erlebnis oder Gefühl symbolisch dargestellt. Die verwendeten Gegenstände erhalten vielleicht spezifische symbolische Bedeutungen, was sie im Mandala nicht haben. Die Gestaltung kann natürlich auch eine feste symmetrische Ordnung haben, zeigt aber möglicherweise auch Brüche und Unordnung. Während beim Mandala-Legen Fehler unterlaufen können, indem die gewählte Ordnung und Symmetrie nicht beachtet werden, ist die Gestaltung bei der thematischen Arbeit völlig frei.
Um diesen Unterschied zu verdeutlichen, verwenden wir als Untergrund für die Gestaltungen keine runden Formen. Auch Gärten waren und sind meist rechteckig oder quadratisch angelegt. So wie es jedoch auch Mandalas mit quadratischer Grundform gibt, gibt es Gärten, die als Mandalas angelegt sind. Dies wird deutlich, wenn wir uns (in Bibelarbeit 6) der Gestaltung des biblischen Urgartens zuwenden.

---

[20] Zu dieser Methode siehe BLÄSIUS, J., Mandalas mit allen Sinnen. München 2003

2 Einsatz und Ablauf der Methode

Die Methode des Gestaltens mit Legematerial lässt sich sowohl als Einstieg in ein Thema (z.B. in Bibelarbeit 6) wie auch als Vertiefung (z.B. in Bibelarbeit 4) gut einsetzen. Da die Gestaltungen leicht verändert werden können, eignet sie sich zudem ausgezeichnet zur Erarbeitung von Prozessen (z.B. in Bibelarbeit 1).

Der Schauplatz als Spiegel des Geschehens

Da wir hier mit Geschichten arbeiten, die in Gärten spielen, setzen wir das Legematerial ein, um diese besonderen Schauplätze in ihrer symbolischen Bedeutung im Zusammenhang der Texte sichtbar zu machen. Wir verstehen die Gärten in diesen Geschichten nicht nur als zufällige Kulissen, sondern als bewusst gewählte, von Menschen gestaltete und umgrenzte Räume, in denen sich ein bestimmtes Geschehen abspielen kann. Um dem Sinn dieser Geschichten näher zu kommen, gestalten wir diese Räume mit Materialien, die eine hohe Symbolkraft haben. Wir verleihen diesen Gegenständen eine Bedeutung – die zunächst nur wir selbst als Gestaltende kennen – und ordnen sie entsprechend an. Oder wir lassen uns intuitiv von ihren Formen und Farben ansprechen und überlegen erst nachträglich, was das von uns gestaltete Legebild zur biblischen Geschichte aussagen könnte. Jedenfalls spiegeln die Gärten als Schauplätze das Geschehen, das sich in ihnen abspielt, in der Art, wie es durch die beteiligten Menschen wahrgenommen wird.
Je nachdem, zu welchem Ziel und in welcher Phase des Verlaufs wir eine Arbeitssequenz mit dem Legematerial einfügen, ist diese wieder etwas anders aufgebaut. In den Bibelarbeiten im III. Teil sind die Schritte im Detail notiert und kommentiert.
Die thematische Arbeit mit dem Legematerial umfasst folgende Grundschritte:

- Vorbereitung des Materials
- Thematische Vorarbeit und Aufgabenstellung
- Gestaltung
- Auswertung
- Abräumen

Vorbereitung des Materials

Zur Vorbereitung gehört das Sammeln, Beschaffen und Präsentieren des Materials. In der beschränkten Zeit, die normalerweise für Bibelarbeiten zur Verfügung steht, werden die Teilnehmenden dabei nicht einbezogen sein. Allenfalls werden sie gebeten, für das nächste Mal bestimmte Gegenstände mitzubringen.

Finden diese Bibelarbeiten jedoch an einem Wochenende und vielleicht sogar in einem Bildungshaus in der Natur statt, ist es natürlich reizvoll, das Material von allen gemeinsam zusammensuchen zu lassen. In diesem Fall geht die Phase der thematischen Vorarbeit und Aufgabenstellung dem Sammeln des Materials (zumindest teilweise) voraus. Wichtig ist auf jeden Fall, dass das Material für die folgende Gestaltungsphase geordnet und allenfalls gereinigt zur Verfügung steht, damit hier die Kreativität und Vorstellungskraft nicht durch ablenkende Verrichtungen gebremst wird.

Thematische Vorarbeit und Aufgabenstellung

Die Gestaltungen mit dem Legematerial sind in diesen Bibelarbeiten eng mit der Textarbeit verbunden. Impulse und Aufgabenstellungen ergeben sich aus den Texten, Erkenntnisse fließen anschließend wieder in die Textarbeit ein.

Gestaltung

Die Gestaltungsphase beginnt damit, dass sich die Teilnehmenden aus dem präsentierten Material auswählen, was sie brauchen. Dazu benützen sie einen Teller oder ein flaches Körbchen. Natürlich ist es jederzeit möglich, „Nachschub" zu holen oder Material einzutauschen, aber wenn alle ständig zwischen ihrem Arbeitsplatz und dem Materialtisch unterwegs sind, entsteht eine Unruhe, die der Gestaltung nicht förderlich ist. Darum ist es wichtig, das Material so auszubreiten, dass möglichst für Viele gleichzeitig Zugang besteht (d.h. etwa, die Tische nicht an die Wand zu stellen).

Während der Gestaltungsphase wird nicht oder wenig gesprochen. Oft entwickelt sich dabei eine dichte und konzentrierte Atmosphäre, in der die zuschauende Leitung fast den Atem anhält. Selten werden alle Teilnehmenden gleichzeitig fertig sein. Die Abmachung, dass diejenigen, welche die Gestaltung abgeschlossen haben, sich in den Sitzkreis setzen, erleichtert der Leitung den Überblick und die Zeitplanung und hindert die Teilnehmenden, an ihrer Gestaltung kosmetische Korrekturen vorzunehmen, die den ursprünglichen Ausdruck verflachen. Wenn nur noch Wenige am Gestalten sind, kann die Leitung eine kurze Zeit (1-2 Minuten) vorgeben und diese bitten, bis dann ebenfalls in den Kreis zu kommen.

Auswertung

Die Auswertungsphase beginnt oft damit, dass alle umhergehen und sich in Ruhe die verschiedenen Gestaltungen anschauen. Ein Austausch zu den Gestaltungen selbst findet aus Zeitgründen meist in kleinen Gruppen direkt am Ort der Gestaltung statt. Sollen alle Werke vorgestellt werden, muss die ganze Gruppe meist von Arbeitsplatz zu Arbeitsplatz gehen. Das ist nur bei nicht allzu großen Kursgruppen möglich. In der Bibelarbeit 7 haben wir das Problem so gelöst, dass die Teilnehmenden eine portable Unterlage verwenden, um die Gestaltung in die Kreismitte bringen zu können. Dies schränkt jedoch die Gestaltungsfreiheit etwas ein und lässt manches Gebilde einstürzen oder verrutschen. Eine andere Lösung ist in der Bibelarbeit 5 gewählt, wo die Gärten auf einem großen Tuch in der Kreismitte gelegt werden. Das ist allerdings für Personen, die nicht gut am Boden arbeiten können, recht beschwerlich.
Oft werden die Gestaltungen jedoch nicht im Detail erläutert. Ausgetauscht werden dann im Sitzkreis vielmehr die Erlebnisse und Gedanken, die den Einzelnen im Prozess des Gestaltens wichtig wurden. Manchmal haben die Teilnehmenden das Bedürfnis, alle Gärten erklärt zu bekommen. Hier kann die Leitung darauf hinweisen, dass dies nicht nötig ist, um gemeinsam dem Sinn der biblischen Texte näher zu kommen. In einer Selbsterfahrungsgruppe würde hingegen mehr Zeit für die Auswertung der einzelnen Gestaltungen eingesetzt. Manchmal haben die Teilnehmenden das Bedürfnis, ihre Werke jemandem zu zeigen und ihre Symbolik zu erläutern. Meist reicht dafür schon eine kurze Partnerarbeit.

Abräumen

Wenn es der inhaltliche Ablauf nicht anders erfordert, werden die Gestaltungen erst am Ende abgeräumt. Dies geschieht in Ruhe und mit genügend Zeit. Es soll bewusst kein Zerstören der ausgedrückten Ideen sein, sondern ein Zurücklegen der dazu benützten Materialien. Diese werden gleich wieder so sortiert, wie sie am Anfang präsentiert wurden, damit sie für ein nächstes Mal wieder zur Verfügung stehen. Jede Person räumt (im Normalfall) ihr eigenes Material weg und kann so von ihrer Gestaltung Abschied nehmen. Manchmal ist danach noch eine kurze Runde im Sitzkreis vorgesehen. Am besten ist es, wenn hier jede Kursgruppe ihre eigene stimmige Schlussform findet. Da es sich bei den Materialien nicht um wertvolle Gegenstände handelt, kann auch vereinbart werden, dass die Teilnehmenden jedes Mal ein Symbol aus ihrem gestalteten Garten mitnehmen, das sie durch die Zeit bis zum nächsten Mal begleitet.
Die Leitung muss sich bewusst sein, dass es in manchen Situationen für einzelne Teilnehmende schwierig sein kann, ihre Gestaltung abzuräumen. Da oft nicht inhaltlich über die Gestaltungen gesprochen wird, sind die Gründe, die immer biographisch bedingt sind, der Leitung nicht bekannt. Die Symbolik der Gegenstände und der Gestaltung kann zusammen mit der Thematik der biblischen Texte zentrale Lebensthemen anrühren. Diese möglichen Schwierigkeiten sollten bereits am Anfang angesprochen werden, damit sich die Betroffenen dann nicht ausgestellt fühlen. Oft braucht es einfach noch etwas Zeit, nachdem die Gruppe sich schon verabschiedet hat, vielleicht auch ein Gespräch.

3 Praktische Hinweise

Planung einer Kursreihe

Die Reihenfolge der Bibelarbeiten in diesem Band ist eher zufällig und weder durch die Themen noch durch den methodischen Aufbau gegeben. Die Bibelarbeit 7 ist so konzipiert, dass dem Abschied vom Gestalteten und dem Abräumen besonders viel Aufmerksamkeit zukommt; sie eignet sich daher als Abschluss einer Reihe. In einer ersten Einheit müsste etwas Zeit eingerechnet werden, die Methode und die Legematerialien vorzustellen und auszuprobieren.
Möglich ist es auch, vorgängig zu den Bibelarbeiten eine Einstiegseinheit zu planen, in der die Teilnehmenden sich kennen lernen und noch ohne bestimmten Bibeltext mit ihren eigenen Gartenerfahrungen, der Gartensymbolik allgemein und einer Einführung in Gärten der biblischen Zeit ins Thema einsteigen und sich mit Methode und Material vertraut machen. Dazu kann beispielsweise eine Fotolangage mit unterschiedlichen Gartenbildern (z.B. Postkartenserien) eingesetzt werden. Die theologische Einführung in diesem Band bietet einige Hinweise, die evtl. noch mit Bildmaterial zu ergänzen wären. Mit dem Legematerial könnten die Teilnehmenden etwa ihren Wunsch- oder Traumgarten gestalten.

Raum

Die Arbeit mit Legematerial erfordert einiges an Platz. Ideal ist ein großer Raum, an dessen Rand Tische (je einer pro 2-3 Teilnehmende) für die Gestaltungsarbeiten platziert werden. In der Raummitte wird ein Stuhlkreis gestellt. Daneben soll auf einem oder zwei Tischen das Legematerial so bereitgelegt werden, dass möglichst alle Teilnehmenden gleichzeitig Zugang dazu haben. Steht kein großer Raum zur Verfügung, müssen Stuhlkreis und Arbeitsplätze für die Gestaltungen auf zwei Räume verteilt werden. Da im Verlauf der Einheiten mehrmals zwischen diesen Settings gewechselt wird, muss in diesem Fall genügend Übergangszeit eingerechnet werden.

Material

Für die Gestaltung wählen die Teilnehmenden als erstes eine Unterlage. Sie markiert den Bereich, der zur Gestaltung gehört. Wir haben für die Gärten eine große Anzahl Stoffservietten (ca. 45cm x 45cm) in verschiedenen Erdfarben zur Verfügung gestellt: von Dunkelweiß über verschiedene Brauntöne bis zu Dunkelrot und Ocker – und natürlich Grün. Die Teilnehmenden wählten oft mehrere, um ihrem Garten verschiedene Farbtöne als Untergrund zu geben oder um Erhebungen zu gestalten. Dazu war es von Vorteil, dass die Unterlagen eine gewisse Festigkeit aufwiesen (allenfalls könnte man sie mit Stoffstärke behandeln).
Für das Legematerial sind der Phantasie keine Grenzen gesetzt. Fundorte sind: die Natur, Haushalt und Werkstatt, das Kinderzimmer oder die Spielwarenabteilung, Bastel- und Dekorgeschäfte.
Grundsätzlich stellt sich die Frage, ob nur mit Naturmaterialien oder auch mit Kunststoffgegenständen gearbeitet werden soll. Für beides gibt es Gründe. Kunststoffgegenstände erweitern die Darstellungsmöglichkeiten und bringen viel Farbe in die Gestaltungen. Man kann sie – gerade im Hinblick auf Gärten vor zwei- bis dreitausend Jahren – aber auch als Fremdkörper ansehen. Es ist wohl letztlich eine Frage des eigenen Stils.
Eine andere Frage ist die, ob eher abstrakt mit Grundmaterialien und Grundformen gearbeitet wird, oder ob ausgearbeitete Minigegenstände, wie sie in Dekorgeschäften zu kaufen sind, eingesetzt werden. Damit werden zwar die Gärten realitätsnäher, verlieren aber etwas von ihrer symbolischen Offenheit.
In unserer Projektgruppe hat sich das Material im Verlauf der Erarbeitung der Einheiten stetig angereichert, ist farbiger und künstlicher geworden. Sinnvoller wäre vielleicht im Verlauf einer Kursreihe eine bewusste Auswahl und Variation. Es ist anregend, wenn jedes Mal wieder ein wenig neues Material angeboten wird. Aber auch eine plötzliche Einschränkung auf Weniges hat zwischendurch seinen Reiz.
Für die Präsentation des Materials werden Gefäße benötigt, die einen guten Überblick über das Vorhandene ermöglichen und die Wahl erleichtern. Offene, flache Gefäße eignen sich dazu besser. Dies bedeutet jedoch meist, dass die Materialien für die Präsentation umgefüllt werden müssen. Schöner ist auch, wenn Naturmaterialien nicht in Plastikgefäßen daherkommen. Dies ist natürlich auch eine Frage des zeitlichen und finanziellen Aufwands.
Für die Aufbewahrung – und vielleicht auch für die Präsentation – eignen sich Werkkoffer, wie sie Handwerker für Schrauben und Ähnliches

benützen. Hier lassen sich die Materialien einsortieren und leicht transportieren, ohne durcheinander zu geraten.

Abb.9: Materialkoffer

Natur:
Samen, Nüsse, Körner, Steine, Blätter, Schneckenhäuser, Muscheln, Federn, Blumen usw.
Haushalt und Werkstatt:
Korkzapfen, Holzdübel, Unterlegscheiben, Metallstifte, Kabelstücke, Schnurreste, Wollfäden, Stoff- und Filzstücke, Bortenreste, Knöpfe, Geschenkbänder, Gardinenringe usw.
Kinderzimmer oder Spielwarenabteilung:
kleine Plastikgegenstände aller Art, Bauklötze, Murmeln, farbige Holzperlen, Spielsteine und -figürchen usw.
Bastel- und Dekorgeschäfte:
Halbedelsteine, Glasnuggets, Kunstblumen, Spiegelplättchen, farbige Mosaiksteinchen, Glöcklein, Minikörbe und –Blumentöpfe, Holzbänklein, Mini-Gartenwerkzeuge usw.

Zeit

Die Bibelarbeiten sind von uns auf eine Zeitspanne von 150 Minuten geplant. Wir rechnen damit, dass zusätzlich an geeigneter Stelle im Ablauf eine Pause eingeschoben wird.
Weder das Aufbauen noch das Abräumen der Gartengestaltungen verträgt Zeitdruck. Darum ist eine gute Zeitplanung, die Raum lässt, wichtig. Wie immer sollte sich die Leitung schon bei der Planung überlegen, welche Schritte notfalls gekürzt oder weggelassen werden könnten, um dem Abschluss genügend Raum zu lassen.

Voraussetzungen bei der Leitung

Die Methode des Gestaltens mit Legematerialien ist zum Anleiten ausgesprochen einfach. Die Leitung hat – nachdem die Teilnehmenden einmal eingeführt sind – während dieser Arbeitsschritte kaum etwas zu tun, sondern kann die intensive Atmosphäre genießen und die Entstehung der Gestaltungen beobachten. In einem Leitungsteam können sich diejenigen Personen, die in dieser Phase nicht die Verantwortung für den Ablauf innehaben, an dieser kreativen Arbeit mit betätigen.
Wie bei allen Methoden ist es unabdingbar, bevor man sie einsetzt, eigene Erfahrungen damit gemacht zu haben. Dies ist im Team natürlich interessanter, hier aber auch für sich allein gut möglich.
Trotz (oder wegen?) ihrer Einfachheit hat die Methode eine große seelische Tiefenwirkung. Damit muss die Leitung umgehen können.

Texte

In den Bibelarbeiten verwenden wir Textblätter, die von der Leitung zusammengestellt und kopiert werden. Wir schlagen manchmal eine Gliederung der Texte für die Textblätter vor, die den Sequenzen der Bibelarbeit entspricht. Sie ist jeweils im methodischen Kommentar zu den Bibelarbeiten angegeben. Dort weisen wir, wenn nötig, auch auf geeignete Übersetzungen hin.

III. Teil

Bibelarbeiten

1 Maria am Grab (Joh 20,11-18)

Maria von Magdala steht am Grab und weint. Zwei Engel sitzen da. Sie muss sie anhören und ihnen antworten. Sie schaut sich um, sieht Jesus dastehen, aber erkennt ihn nicht. Er ruft sie beim Namen. Sie erkennt ihn, darf ihn aber nicht berühren. Jesus schickt sie aus dem Garten mit dem Auftrag, das Erlebte zu erzählen. Es ist unwahrscheinlich, was Maria da innerhalb weniger Stunden zugemutet wird.
Durch die Methodik des Garten-Legens zu diesem Bibeltext werden den Teilnehmenden auch die Zumutungen in ihrem eigenen „Lebensgarten" bewusst. Wie oft kommt es anders als wir uns denken und wünschen? Wie geht es uns in solchen Lebenssituationen?

Dauer	*Inhalt und Vorgehen*	*Material*
20′	**Ein Garten** *Plenum, im Sitzkreis* Begrüßung Informationen zum Ablauf der Einheit und zur Arbeitsweise *Plenum, im Halbkreis* Bild eines öffentlichen Gartens betrachten Meditation (Anleitung S. 41)	Dia, Diaprojektor, Leinwand
90′	**Die Gärten der Maria** *Plenum* Einführung in die folgenden Arbeitsschritte Die Vorgeschichte (Joh 19,41 – 20,10) zusammenfassend erzählen *Je drei Personen an einem Tisch* 1. Sequenz: Maria am Grab Joh 20,11 drei mal vorlesen Je einen Garten legen, Leitfragen: • Welche Gefühle mag Maria gehabt haben? • Wie hat sie den Garten wahrgenommen? Austausch in der Dreiergruppe 2. Sequenz: Maria sucht Joh 20,12-15 drei mal vorlesen Je den Garten entsprechend (um-)gestalten Austausch in der Dreiergruppe	Legematerial, Flip-Chart, Gong, Glocke oder Klangschale

	3. Sequenz: Berühre mich nicht! Joh 20,15-17a drei mal vorlesen Je den Garten entsprechend (um-)gestalten Austausch in der Dreiergruppe 4. Sequenz: Maria erhält einen Auftrag Joh 20,17b-18 drei mal vorlesen Je den Garten entsprechend (um-)gestalten Austausch in der Dreiergruppe *Plenum im Sitzkreis* Austauschgespräch: • Was ist mir beim Gestalten der Gärten deutlich geworden? Je einen Kernsatz (gut lesbar) aufschreiben und in die Mitte legen	große Papierstreifen, dicke Filzstifte
40′	**Unser Symbolgarten** *Plenum im Sitzkreis* Ganzen Text nochmals lesen • Wie verstehe ich jetzt den Text? • Welche Fragen sind für mich noch offen? • Welche Bedeutung hat in dieser Geschichte der Garten? LT gibt theologische Informationen *Einzelarbeit* Symbol zum Kernsatz formen *Plenum* Mit den Symbolen einen gemeinsamen Garten in der Mitte legen Schlusswort Gärten abräumen	Textblätter Kernsätze, Farbige Knetmasse

Kommentar

Einrichtung im Raum: Es werden ein Stuhlkreis und – entsprechend der Teilnehmerzahl – freistehende Tische mit je 3 Stühlen benötigt. Auf 1-2 Tischen wird das Legematerial ausgebreitet. Wenn kein genügend großer Raum für diese beiden Settings zur Verfügung steht, werden die 4 Sequenzen der mittleren Arbeitsphase in einem zweiten Raum durchgeführt.

Textblatt: Die Vorgeschichte 19,41-20,10 wird in wenigen Sätzen zusammengefasst. Der Text 20,11-18 ist entsprechend den vier Gestaltungssequenzen aufgeteilt in folgende Abschnitte: 11, 12-15, 16-17a, 17b-18.

Einstieg (Zeitplanung): Wenn diese Einheit als erste einer Kursreihe gewählt wird, ist für den Einstieg mehr Zeit einzurechnen. Zu Beginn sind ein paar einleitende Worte zur Thematik des ganzen Kurses und zur Methode nötig. Dann wird wohl eine Vorstellungsrunde den Teilnehmenden eine erste Orientierung über die Gruppe geben. Da die mittlere Arbeitsphase (Die Gärten der Maria) nicht sinnvoll zeitlich gestrafft werden kann, müsste (wenn nicht mehr als zweieinhalb Stunden Zeit zur Verfügung stehen) in diesem Fall auf den Vertiefungsschritt mit der Knetmasse am Ende verzichtet werden.
Wenn sich die Teilnehmenden schon kennen und die Methode vertraut ist, kann gleich mit der Bildbetrachtung eingesetzt werden.

Ein Garten: Die Bildbetrachtung und Meditation nimmt die Ambivalenz auf, die manche Menschen gegenüber Gärten empfinden und führt gleichzeitig zur Arbeitsweise in dieser Kurseinheit hin:
Bei der Bildbetrachtung eines öffentlichen Parks bin ich wohlwollende oder kritische Betrachterin, staunender und ausruhender Benützer. Frage ich nach der Entstehungsgeschichte des Gartens, habe ich nebst dem Grün und der Blütenpracht plötzlich auch Gartengestalterinnen und hart arbeitende Gärtner mit im Bild. Meine Sichtweise und meine Gefühle verändern sich. In der folgenden Arbeit ist die oder der Teilnehmende ebenfalls abwechslungsweise Betrachter und Gestalterin.
Eine mögliche Variante zur so geführten Bildbetrachtung wäre, die Teilnehmenden frei ihre Assoziationen zum Bild äußern zu lassen.

Die Gärten der Maria: Die Vorgeschichte (Joh 19,42- 20,10) wird aus der Perspektive der Maria erzählt. So können die Teilnehmenden in die Haut dieser biblischen Figur schlüpfen und zum ersten Textabschnitt ihren Garten aus der Perspektive der Maria gestalten. Aus demselben Grund wird der Text jeweils dreimal, möglichst mit verschiedenen Stimmen, vorgelesen.
Wichtig ist, die gegebene Zeit für das Legen und Umgestalten der Gärten mit einem akustischen Signal anzuzeigen. Die Emotionen aus der Einzelarbeit können so etwas abklingen und die Teilnehmenden sind zum Austausch bereit.

Meditation zum Bild eines öffentlichen Gartens

„Ein Garten, wunderschön und einladend gestaltet.

Hier lasse ich mich gerne einen Moment nieder.

Diese Blütenpracht! Ich staune und lasse sie auf mich wirken.

Alles hat seinen Platz, ist so arrangiert, dass es gefällig ist.

Auch wenn es bisweilen etwas künstlich wirkt.

Wie das bloß alles entstanden ist?“

„Da steckt doch Arbeit dahinter!“

„Da hat einer geplant, eine Idee gehabt, mit der er andere erfreuen möchte.

Hat dem Unkraut den Kampf angesagt.

Hat dreckige Finger bekommen.

Hat die Blumen von klein auf liebevoll gehegt und gepflegt.

Ob alles wohl stets so gewachsen ist, wie er sich das gedacht hat?

Doch das Resultat lässt sich sehen.

Ist der Gärtner auch so glücklich mit dem Resultat wie die Betrachterin?“

„Wie oft kommt es anders, als ich es mir vorgestellt habe!“

Für die Phasen des Legens bzw. Umgestaltens der Gärten werden je etwa 5-8 Minuten gerechnet. Für das folgende freie Gespräch unter den Personen, die am selben Tisch arbeiten, etwa 10 Minuten. Es ist sehr zu empfehlen, in diese Austauschrunde ein bis zwei Fragen einzugeben, die immer wieder die Perspektive der Maria in den Vordergrund rücken. So ist für die nächste Sequenz gewährleistet, dass die Teilnehmenden nahe am Text bleiben, auch wenn sie natürlich sehr viel Persönliches und Biographisches in die Gestaltungsarbeit einbringen. Die dreimalige Veränderung des eigenen Gartens ist sowohl auf der Verstandesebene wie auch auf der Gefühlsebene eine intensive Herausforderung und benötigt für den Austausch einen intimen Rahmen von maximal drei Personen pro Gruppe.
Vier Sequenzen in Folge während einer guten Stunde mögen als zu viel beurteilt werden. Es lohnt sich jedoch, diese Intensität als anleitende Person und als Teilnehmende durchzustehen und zu erleben. Eine unterbrechende Pause ist hier nicht zu empfehlen, ebenso wenig verträgt diese Arbeitsphase einen spürbaren Zeitdruck.
Die Gedanken nach dieser Phase sind so reichhaltig, dass der Austausch im Plenum und das Niederschreiben eines persönlichen Fazits unerlässlich sind. Die gelegten Gärten und die Papierstreifen mit den persönlichen Kernsätzen werden anschließend nicht gleich abgeräumt, sondern können auch noch in der nun wohl folgenden Pause betrachtet werden.

Unser Symbolgarten: Joh 20, 11-18 wird nun vollständig gelesen. Die Erinnerung an die vorangehenden Sequenzen erlaubt jetzt eine Reaktion auf die ganze Geschichte. In dieser Plenumsrunde ist auch Platz für theologische Fragen und Hinweise.
Jede Person hat nun ihr persönliches Fazit auf dem Papierstreifen vor sich. Sie wählt eine Knetmasse in der gewünschten Farbe und formt ein Symbol zu ihrem Kernsatz. Nach der Lesung, den Reaktionen sowie den theologischen Fragen und Hinweisen ist es folgerichtig, nochmals zu sich und in die Ruhe zu finden. Kneten und Formen erlauben dies in einem hohen Mass.
Nach einem Klangzeichen legen die Teilnehmenden je ihre Figur in die Mitte, sodass ein gemeinsamer Garten wächst. Er wird betrachtet und es kann dazu noch etwas gesagt werden. Es wird manchen Teilnehmenden viel bedeuten, wenn sie ihr Symbol am Ende mitnehmen können, denn es ist ja auch Ausdruck und Teil des persönlichen und gemeinsamen Weges mit dem Text.

Gedanken und Informationen zur Geschichte von Maria am Grab

Zum Johannesevangelium siehe Bibelarbeit 4, S. 68ff.

Kontext
Die Geschichte von Maria am Grab folgt auf die Beschreibung der Grablegung Jesu. Der Evangelist Johannes beschreibt im Unterschied zu den synoptischen Erzählungen die Grablegung nicht als eine eilige, provisorische, sondern als eine ehrenhafte Bestattung Jesu, wie es dem irdischen Leichnam des Gottessohnes angemessen ist. Maria geht am frühen Morgen, als es noch dunkel ist, zum Grab Jesu. Dies war damals nicht ganz ungefährlich, denn die Kreuzigung war die römische Todesstrafe für politische Unruhestifter. Den Angehörigen war Bestattung und Trauer verboten. Für Maria muss das Bedürfnis zwingend gewesen sein, zum Grab des geliebten Menschen zu gehen, um dort zu trauern. Die Entdeckung des leeren Grabes versetzt sie in Angst. Sie läuft zurück zu den Jüngern, um ihnen das Unglaubliche zu erzählen. Zwei von ihnen laufen zum Grabe um nachzusehen, doch nur der eine „sah und glaubte". Der Abschnitt endet mit der etwas trockenen Feststellung: „Da kehrten die Jünger wieder zu sich zurück" (20,10).
Doch Maria bleibt am Grab. Vorausgesetzt – aber nicht erzählt – ist hier, dass sie den beiden Jüngern wieder gefolgt ist. Andere kleine Ungereimtheiten, wie etwa das „wir" in Vers 2, das voraussetzt, dass sie (wie die Synoptiker erzählen) nicht allein beim Grab war, weisen auf eine komplizierte Entstehungsgeschichte dieser Textpassagen hin.
Der Geschichte von Maria am Grab folgen zwei weitere Begegnungen des Auferstandenen, die im Versammlungsraum der Anhänger und Anhängerinnen Jesu stattfinden: am Abend desselben Tages erscheint er den Jüngern, eine Woche später dem Thomas.

Maria aus Magdala
Maria wird durch die Angabe ihrer Herkunft aus der Kleinstadt Magdala, nördlich von Tiberias, beschrieben. Dies deutet darauf hin, dass sie keinen Ehemann und keine Familie hatte. Sie lebte innerhalb der Gruppe der Menschen um Jesus offenbar ohne Angehörige.

Maria weint am Grab
„Frau, was weinst du?" fragen die Engel. In den Abschiedsreden hatte Jesus angekündigt, der Zeit der Trauer nach seinem Weggehen werde

Freude über das Wiedersehen folgen (16,20). Jetzt ist Maria in der Trauerzeit. Sie wird darin nicht getadelt, sondern da abgeholt und behutsam zur Erkenntnis der Begegnung mit Jesus geführt. Während die Leserinnen und Leser der Geschichte bereits beim leeren Grab (20,1) und erst recht jetzt bei der Begegnung mit den Engeln verstehen, dass das Verschwinden des Leichnams Jesu kein irdisches Geschehen war, ist Maria noch nicht soweit. Durch diese literarische Spannung spricht Johannes seine Gemeinde in ihrer schwierigen Situation an: obwohl äußerlich eher Grund zum Weinen vorhanden wäre, ist eigentlich Freude angesagt.

Begegnung mit Jesus
Maria schaut sich um und sieht – den Gärtner. Wieder werden die Leserinnen und Leser bereits informiert, dass es sich um Jesus handelt und müssen nun weiter mit ansehen, wie Maria auf ihrer Suchspur nach dem toten Jesus und darum in ihrer Trauer bleibt. Sie geht offenbar aufgrund des leeren Grabes, das ja nicht Jesu eigenes war, nicht davon aus, dass Jesus Leichnam geraubt worden sei, sondern, dass der Gärtner „aufgeräumt" habe. „Merkst du denn nicht..." möchte man ihr zurufen – und genau das will Johannes seiner Gemeinde sagen.
Erst als Maria ihren eigenen Namen hört, erkennt sie den lebendigen Jesus. Zuvor hatte Jesus über den Hirten gesagt, dass er die Schafe bei ihrem Namen rufe und sie ihn an der Stimme erkennen (10,3-4). Obwohl bereits in Vers 14 erwähnt war, dass Maria sich umwandte und Jesus gegenüberstand, heißt es jetzt nochmals: „sie wandte sich um". Szenisch macht dies keinen Sinn, inhaltlich dagegen schon: Jetzt, nach dieser zweimaligen Wende, findet Maria die richtige Spur.
In dem knappen, nun folgenden Dialog ist eine nahe Beziehung spürbar. Doch hier, am Höhepunkt der Szene, weicht Jesus zurück. „Rühr mich nicht an". Jesus muss eine Berührung erwartet haben (wie sie in Mt 28,9 geschildert ist). Den geliebten Menschen gefunden zu haben, ihn jedoch nicht berühren zu dürfen: Welcher Gefühlsaufruhr für Maria! Freude und Verlust sind hier ganz nah beisammen. Berührung bedeutete in neutestamentlicher Zeit nicht nur Kontakt, sondern Übertragung von Kräften und Teilhabe an der anderen Person. Die Heilungsgeschichte in Mt 9,20-22 berichtet beispielsweise, wie eine Frau nur durch die Berührung des Gewandes Jesu geheilt wird. Berührungsverbote gehören sonst nicht zu Auferstehungsgeschichten. Thomas fordert sogar, den Auferstandenen berühren zu dürfen – ihm wird dies gewährt (20,27). Jesu Botschaft an Maria bedeutet: Du kannst an dem, was ich jetzt bin, (noch) nicht teilhaben. Sie warnt davor, Jesu Aufstieg zum Vater aufzuhalten.

Maria bekommt einen Auftrag

Maria erhält den Auftrag, Jesu Auferstehung zu bezeugen. Anders als etwa bei Matthäus (28,10) wird den Jüngern keine Erscheinung Jesu versprochen, sondern dessen Aufstieg zum Vater angekündigt. Jesus nennt Maria genau, was sie von ihm weitererzählen soll (20,17). Der Gott Jesu ist auch der Gott seiner Jüngerinnen und Jünger. Die innige Beziehung, die zwischen Jesus und Gott entstand, soll auch in ihnen sein.

Frauen als Jüngerinnen und Apostelinnen

Die Informationen des Johannesevangeliums über Maria von Magdala gehören zu den wichtigsten Hinweisen über Frauen in den frühchristlichen Gemeinden. Sie zeigen, dass Frauen zumindest im Umfeld des Johannes als Augenzeuginnen und Verkünderinnen des Ostergeschehens angesehen wurden. Dass hieraus Konsequenzen für die Stellung der Frauen in der Kirche gezogen werden müssten, haben die männlichen Ausleger schon immer gewusst, aber schnell wieder verdrängt: So schreibt etwa Calvin in seinem Kommentar zu dieser Stelle: Deshalb (weil hier eine Frau einen Verkündigungsauftrag erhalten hat) „wäre es falsch, dieser einmaligen Anordnung Christi ständige Gültigkeit zuzuschreiben und den Frauen das Taufen zu erlauben. Wir wollen uns damit begnügen, dass Christus in ihnen den unermesslichen Reichtum seiner Gnade sichtbar werden ließ, indem er sie ein einziges Mal zu Lehrerinnen der Apostel machte. Zur Regel werden lassen wollte er es nicht." (Zitiert bei WENGST S. 287 Anm. 51). In der Tradition wird Maria aber auch „Apostelin der Apostel" genannt und als Lehrende dargestellt.

Literatur

BECKER, J., Das Evangelium nach Johannes (Ökumenischer Taschenbuchkommentar NT 4/2). Gütersloh/Würzburg 1991[3].

HABERMANN, R., Das Evangelium nach Johannes. In: Schottroff, L./Wacker, M.-T., Kompendium feministische Bibelauslegung. Gütersloh 1998, S. 525-541.

WENGST, K., Das Johannesevangelium (Theologischer Kommentar zum NT 4/2). Stuttgart 2001.

WILCKENS, U., Das Evangelium nach Johannes (NTD 4). Göttingen 1998.

2 Gott suchen (Jes 58,1-11)

Menschen suchen nach Gott, aber er nimmt sie nicht wahr. Er möchte ein anderes Verhalten: Fesseln des Unrechts lösen, Versklavte freilassen, Hungrigen Brot austeilen, Obdachlose in sein Haus aufnehmen, Nackte bekleiden, Anderen beistehen. Wenn solches geschieht, bricht Licht hervor und Gott antwortet den Menschen. Wie ein bewässerter Garten werden sie sein.
Diese Bibelarbeit bietet Raum für die Frage, was es für uns bedeutet, Gott zu suchen. Wir legen den verheißenen Garten als Spiegel für uns selbst.

Dauer	*Inhalt und Vorgehen*	*Material*
40′	**Was bedeutet „Gott suchen"?** *Plenum im Sitzkreis* Ganzen Text vorlesen Vers 2 nochmals vorlesen Gespräch: • Hier werden Menschen geschildert, die Gott suchen... Was bedeutet „Gott suchen" für mich? *Einzelarbeit* Lebensweg legen: • Wann und wie habe ich in meinem Leben Gott gesucht? *Plenum* Blitzlicht: • Wie ist es mir beim Legen ergangen?	Textblätter Schnüre, Scheren, Legematerial
30′	**Suchende Haltungen** *Plenum im Sitzkreis* Verse 3-5 vorlesen Gespräch: • Worum geht es im Text den Menschen, die Gott suchen? • Welche Haltungen nehmen sie ein? • Welche Haltungen sind außerdem denkbar? *Körperübung im Raum (jede Person für sich)* • In welcher Haltung oder Bewegung suche ich Anerkennung bei Gott? *Austausch zu zweit*	Textblätter

	• Was habe ich gespürt und entdeckt?	
30′	**Die Haltung, die Gott wünscht** *Plenum im Sitzkreis* Sich die Körperhaltung nochmals vergegenwärtigen oder sie einnehmen Verse 6-8 vorlesen Gespräch • Welche Haltung ist hier von Gott gewünscht? • Wie verhält sich diese zu meiner Haltung? Theologische Informationen einfügen	Textblätter
50′	**Ein wohlbewässerter Garten** *Plenum im Sitzkreis* Verse 8-11 lesen – im Wechsel *Einzelarbeit* Den verheißenen Garten legen: Ich als wohlbewässerter Garten *Plenum, herumgehend* Die Gärten je für sich anschauen *Plenum im Kreis* • Was habe ich entdeckt – beim Legen meines Gartens und beim Betrachten der Gärten? *Einzelarbeit* Sich von seinem Garten verabschieden Gärten bewusst und meditativ aufräumen *Plenum im Kreis* Blitzlicht • Gott suchen – was bedeutet das jetzt für mich?	Legematerial

Kommentar

Einrichtung im Raum: Es werden in der Mitte des Raumes ein Stuhlkreis sowie am Rand Tische für die Arbeit mit dem Legematerial benötigt, außerdem 1-2 Tische, um dieses zu Beginn auszubreiten.

Textblatt: Der Text ist wechselnd aus der Perspektive Gottes, des Volkes und des Propheten geschrieben, dies soll auf dem Textblatt auf irgend eine Art (z.B. mit verschiedenen Farben oder Schrifttypen) verdeutlicht werden. Es ergeben sich dabei folgende Abschnitte: Verse 1-2 (Gott zum Propheten), Verse 3a (Volk zu Gott), Verse 3b-7 (Gott zum Volk), Verse 8-11 (Prophet zum Volk). Für die Arbeit in dieser Einheit haben wir den Text außerdem in folgende Abschnitte eingeteilt: 2 / 3-5 / 6-8 / 8-11.

Was bedeutet „Gott suchen"? Der ganze Text wird im Plenum von einer leitenden Person eindrücklich vorgelesen (evtl. von verschiedenen Stimmen, welche die oben genannten Perspektiven deutlich machen). Das Gespräch knüpft dann bei Vers 2 an. Hier werden Menschen geschildert, die Gott suchen. Was das bedeutet, ist heute keineswegs selbstverständlich. In diesem ersten Schritt geht es darum, dass die Teilnehmenden für sich klären, was sie – im Zusammenhang des Textes, aber auch für sich selber – mit diesem Ausdruck verbinden und darunter verstehen wollen. Eine Einigung der ganzen Gruppe auf einen bestimmten Sinn ist dabei nicht anzustreben.
In der folgenden Einzelarbeit, die an den Tischen am Rand verrichtet wird, legen die Teilnehmenden mit Hilfe einer Schnur von ca. einem Meter Länge als Symbol ihren Lebensweg. Dabei erinnern sie sich an Lebensabschnitte, Lebensmomente, in welchen sie Gott suchten oder sich nach Gott sehnten – was auch immer das für sie bedeutet. Diese Abschnitte und Momente bezeichnen sie auf ihrer Lebenslinie mit Symbolen aus dem Legematerial.
Diese Einzelarbeit – das wird den Teilnehmenden schon zu Beginn mitgeteilt – wird inhaltlich nicht in der Gruppe bearbeitet. Sie dient als Grundlage für einen späteren Einzelarbeitsschritt, bleibt also auf den Tischen liegen.
Im anschließenden Blitzlicht nehmen die Teilnehmenden nicht Bezug auf den Inhalt, sondern nur auf den Prozess dieser Einzelarbeit.

Suchende Haltungen: Das Gespräch dient zur Vorbereitung der Körperübung und soll einerseits herausarbeiten, warum und wie die Menschen im Text Gott suchten. Andererseits wird die Brücke zur heutigen Zeit generell und zu den anwesenden Menschen im speziellen geschlagen, die je ihr eigenes Verständnis davon haben, was das bedeutet. Entsprechend groß ist möglicherweise die Palette an Haltungen, in denen dies geschehen kann.
Für die Körperübung benötigen die Teilnehmenden genügend Zeit und Raum, zudem die Gewähr, dass sie nicht beobachtet werden. Jede Person schaut für sich und ist ganz bei sich. Es ist manchen Teilnehmenden vielleicht eher fremd, eine innere Haltung bewusst mit ihrem Körper auszudrücken, auch wenn allen klar ist, dass sie von anderen Menschen

sehr wohl auch über die Körpersprache wahrgenommen werden. Körperhaltungen und Gefühle sind sehr eng verbunden und bedingen sich gegenseitig. Wenn die Teilnehmenden in dieser Übung bewusst in eine Haltung gehen, die sie zuvor als mögliche Weise, Gott zu suchen, gekennzeichnet haben, werden sie etwas von den Gefühlen erleben, die (für sie) zu dieser Haltung gehören. Dadurch kann ihnen deutlich werden, was für sie emotional mit ihrer Suche nach Gott – so wie sie diese verstehen – verbunden ist. Gleichzeitig wird auch deutlich, was durch die verschiedenen Haltungen verunmöglicht wird.
Für den anschließenden Austausch suchen sich die Teilnehmenden eine Partnerin oder einen Partner, mit der oder dem sie gerne darüber sprechen möchten, was sie gespürt und entdeckt haben.

Die Haltung, die Gott wünscht: Die Teilnehmenden vergegenwärtigen sich ihre vorher ausprobierte Körperhaltung oder nehmen sie sogar nochmals ein. Die Leitung liest dann die Verse 6-8 vor, so dass die Teilnehmenden sie in ihrer gewählten Haltung hören können. Die erste Verheißung in Vers 8 nehmen wir bewusst in diesem Arbeitsschritt schon auf, weil sie die Folgen der von Gott gewünschten Haltung beschreibt.
Während im Text die von Gott gewünschte Haltung in scharfem Kontrast steht zur Haltung, mit der ihn die biblischen Menschen suchen, kann das natürlich jetzt ganz anders sein. Den Unterschieden in den Haltungen kann in diesem Gespräch etwas nachgegangen werden, ohne dass diese gegeneinander ausgespielt oder gewertet werden. Möglicherweise stellen die Teilnehmenden den sozialen, aktiven Haltungen des Jesajatextes zum Beispiel ihre eigenen, meditativen Haltungen der Suche nach Gott gegenüber, die genauso ihre Berechtigung haben.
In dieser Phase bringt die Leitung allenfalls theologische Informationen ein. Es wird außerdem spannend sein, zu bemerken, welche der von Gott erwünschten Haltungen in der vorangegangenen Sequenz *„suchende Haltungen"* bereits anklangen, welche nicht vorkamen, und welche anderen Haltungen dort genannt wurden, die im Text nicht enthalten sind.

Ein wohlbewässerter Garten: Die Verheißungen in den Versen 8-11 werden nun (wenn möglich von drei verschiedenen Stimmen) vorgelesen. Auf diese Weise wird jede Zusage eindrücklich wahrgenommen. Der nächste Arbeitsschritt nimmt die letzte Verheißung in Vers 11b auf. Die Teilnehmenden werden aufgefordert, diesen wohlbewässerten Garten für sich zu legen. Dazu gehen sie an die Tische zu ihren anfangs angelegten Lebenswegen. Beim Gestalten ihres Verheißungs-Gartens können sie

ihren Lebensweg integrieren oder ihn daneben liegen lassen. Genährt mit den wunderbaren, starken Zusagen in den Versen 8-11a und dem eigenen Lebensweg vor sich, kann das Legen dieses speziellen Gartens ein sehr tiefes Erlebnis sein.
Die Teilnehmenden lösen sich nun etwas von ihren eigenen Gedanken und Gefühlen, gehen umher und schauen sich die anderen Gärten an. Danach kehren alle in den Plenumskreis zurück.
Bereitschaft zum Austausch ist jetzt gegeben. Dieser ist reichhaltig und benötigt entsprechende Zeit.
Nach diesen sehr persönlichen Arbeiten ist es unabdingbar, dass jede Person Lebensweg und Verheißungs-Garten in Ruhe selber abräumt, nachdem sie sich innerlich davon verabschiedet hat.
Das Blitzlicht zum Schluss nimmt die Anfangsfrage wieder auf und verdeutlicht, was sich im Verständnis des Ausdrucks „Gott suchen" durch die Arbeit an diesem Jesajatext verstärkt oder verändert hat.

Diese Kurseinheit könnte gut die letzte einer Reihe sein. Das meditative Abräumen würde dann zugleich noch bedeuten: „Alles, was ich in diesem Kurs je in die Hände nahm, lege ich zurück, gehe in meinen Alltag mit der Verheißung, dass ich immer wieder neu „einem bewässerten Garten, einer Quelle, deren Wasser niemals versiegt" gleiche.
Der Kurs könnte beendet werden, indem alle Beteiligten sich mit dieser Zusage voneinander verabschieden.

Gedanken und Informationen zu Jesaja 58, 1-11

Zum Hintergrund des Textes
Der Text stammt aus dem dritten Teil des Jesajabuches, der die Kapitel 56-66 umfasst. Der Autor (möglicherweise handelt es sich aber auch um eine Autorengruppe) ist ein unbekannter Prophet, man nennt ihn – weil seine Texte im Jesajabuch stehen – den dritten Jesaja (Tritojesaja). Er lebte in der Zeit nach dem babylonischen Exil (in der zweiten Hälfte des 5. Jahrhunderts v. Chr.) in Jerusalem und war dort mit der spannungsreichen Situation zwischen den hoffnungsvoll heimgekehrten und den unter schwierigen Bedingungen daheim gebliebenen Mitgliedern des Volkes Israel konfrontiert. Der Tempel war noch nicht wieder aufgebaut, aber auch die Stadt lag teilweise noch in Trümmern.
KRAUS (S. 171) schildert die damalige religiöse, gesellschaftliche und wirtschaftliche Situation aufgrund verschiedener Bibeltexte (auch die

Propheten Haggai und Sacharja gehören etwa in diese Zeit) folgendermaßen: „Nichts deutet darauf hin, dass in Jerusalem eine Synagoge existiert hat. Doch kann aus Texten in Tritojesaja geschlossen werden, dass allerlei private Kultfeiern und okkulte Praktiken zelebriert wurden. (...) Im öffentlichen Leben herrschten Ungerechtigkeit, Mord und Totschlag. Die Regierung versagte. Durch Korruption und rücksichtsloses Gewinnstreben kamen Reiche zu Wohlstand und Luxus. Getäfelte Häuser wurden gebaut, man lebte bei Weingelagen herrlich und in Freuden – und dies alles in einer Zeit, in der Hunger und Not regierten. Von Armut und Verzweiflung waren die meisten Menschen gezeichnet. Der eigentliche Grund der Verzweiflung aber war das Ausbleiben der von Deuterojesaja als in Kürze eintreffend verkündigten Herrlichkeitserscheinung des Gottes Israels. Nichts regte sich und deutete darauf hin, dass die Verheißungen erfüllt würden."
Der zweite unbekannte Prophet, Deuterojesaja genannt, – seine Texte stehen im Jesajabuch Kapitel 40-55 – hatte zur Zeit des babylonischen Exils gewirkt und den aufstrebenden Perserkönig Kyros als von Gott erwählten Retter des Volkes Israel erkannt. Dieser König bewilligte nach der Eroberung des babylonischen Reiches um 538 v. Chr. die Heimkehr der Israeliten nach Jerusalem und den Wiederaufbau des Tempels.

Neue Formen der Gottsuche

Der Prophet wird aufgerufen, dem Volk seine Verfehlungen vorzuhalten (58,1). Soweit beginnt der Text mit einer üblichen prophetischen Aufgabe. Es wird sogar erwähnt, dass dies in größtmöglicher Lautstärke geschehen soll.
Überraschenderweise folgt nun aber nicht die Aufzählung der Untaten Israels, sondern die Schilderung von Menschen, die ernsthaft nach Gott suchen (58,2). Sie haben vielleicht den Spruch Deuterojesajas im Ohr, der sich sicher war:
„Sucht Jahwe, denn er lässt sich finden,
ruft ihn an, weil er nahe ist!" (Jes 55,6)
Suchte man vor der politischen Katastrophe des Exils Gott noch hauptsächlich im Tempel auf, muss dies nun, da der Tempel nicht mehr steht, auf andere Weise geschehen. Die Menschen fragen nach den Weisungen Gottes, wollen wissen, wie sie nach seinem Willen gerecht leben sollen. Sie orientieren sich an den Worten und Texten, die sie dazu besitzen. Es zeichnet sich hier also eine Umorientierung der Menschen in ihrem religiösen Bemühen ab, das schon einige Zeit vorher vom Propheten Amos gefordert worden war: „Sucht Gott, dann werdet ihr leben!" (Am 5,6), aber nicht dort, wo die Heiligtümer stehen, denn diese werden unterge-

hen (Am 5,4-5). Diese Umorientierung ist zur Zeit Tritojesajas in vollem Gang und keineswegs ein einheitlicher Prozess. Manche meinen, der Tempel müsste möglichst schnell wieder aufgebaut werden, um den Opferkult wieder einzuführen – ohne Rücksicht auf die desolate wirtschaftliche Situation der meisten Bewohner (diese Stimme hören wir beim Propheten Haggai). Andere suchen nach neuen Formen, um die Nähe Gottes zu erwirken. Diese neuen Formen werden in den Texten des Alten Testaments dieser Zeit generell mit dem Begriff Fasten bezeichnet und trugen Merkmale der Klage, der Buße und des Verzichts. In Notzeiten wurde solches „Fasten" angeordnet (erwähnt wird dies etwa in Jer 36,9, schön beschrieben in der Jonageschichte 3,5ff, wo sogar die Tiere mitbeteiligt werden). Wie häufig nach dem Exil solche Formen der Gottsuche durchgeführt wurden, zeigen die Texte des Propheten Sacharja (Kap 7 und 8), die sich in ähnlicher Weise wie Tritojesaja mit der Frage beschäftigen, was denn nun von Gott gefordert sei.
Die Suche nach Gott erweist sich als schwierig. Die Menschen leben unter dem Eindruck, ihre Bemühungen würden von Gott nicht wahrgenommen (58,3a).

Ein „Fasten", das Gott liebt

Die Kritik an diesen neuen Formen der Gottsuche umfasst verschiedene Aspekte, zielt jedoch insgesamt auf die Haltung, die dahinter steht.
Zunächst wird aufgezeigt, dass die neuen Formen den Alltag nicht zu unterbrechen vermögen: Arbeit und Gewalt gehen weiter (58,3b-4).
Der zweite Aspekt betrifft die introvertierte Bußhaltung, die es unmöglich macht, sich dem Mitmenschen zuzuwenden (58,5).
Diese Kritik wird vorgebracht unter der Frage, wie denn ein „Fasten" wäre, das Gott liebt. Die Antwort zeigt, dass es hier nicht um Fasten im engeren Sinne von Nahrungsverzicht geht, sondern dass „Fasten" zur Chiffre geworden ist für Verhaltensweisen der Menschen, welche die Nähe zu Gott wieder herstellen könnten. Was hier als erstes hervorgehoben wird, sind Tätigkeiten des Befreiens (58,6). Sprachlich wechselt der Text jetzt zur Anrede des Einzelnen: nicht mehr das Kollektiv des Volkes, sondern jedes Du ist angesprochen. Dann folgen die klassischen Themen der Diakonie: Nahrung, Obdach, Kleidung, Zuwendung (58,7; diese Handlungen werden später, nach Mt 25,31ff, von Jesus als entscheidend beim Endgericht hingestellt). Sie bedingen selbstverständlich auch äußerlich eine andere Haltung als diejenige der „gebeugten Binse"[21].

---

[21] So übersetzt die Einheitsübersetzung in Vers 5.

Verheißungen

Mit der Aufzählung der geforderten sozialen Aktivitäten werden verschiedene Verheißungen kausal verbunden. Die erste (58,8) betrifft die Ausstrahlung, die eine solche mitmenschliche Haltung verleiht. Die zweite (58,9a) sagt die gesuchte Nähe und Hilfe Gottes zu. Die dritte (58,9b-10) greift nochmals die Lichtmetapher auf, vielleicht nun eher bezogen auf die gesamte Lebenssituation. Die vierte (58,11) schließlich verspricht die dauernde Führung und Fürsorge durch Gott, die den Menschen wie einen Garten zum Blühen bringt.

Dieser Text bringt Orientierung für Menschen, die in einer speziellen politischen und wirtschaftlichen Situation nicht mehr wissen, wie sie „recht leben" sollen. Er zeigt die Einseitigkeit der religiösen Praktiken auf, mit der die Menschen versuchen, Gott zur Hilfe zu veranlassen. Er versucht, auf neue Art Aktivität und Kontemplation in eine gute Verbindung zu bringen: Nicht die Arbeiter schinden und gleichzeitig selbst wie Binsen herumlaufen, sondern mit der Ausstrahlung der von Gott Gesegneten sich dem Mitmenschen zuwenden. Gott verlangt für sich keine anderen Handlungen als diejenigen, die dem bedürftigen Nächsten zugute kommen.

Literatur

HÖFFKEN, P., Das Buch Jesaja, Kapitel 40-66 (Neuer Stuttgarter Kommentar AT 18/2). Stuttgart 1998.

KRAUS, H.-J., Das Evangelium der unbekannten Propheten, Jesaja 40-66. Neukirchen-Vluyn 1990.

WESTERMANN, C., Das Buch Jesaja, Kapitel 40-66 (ATD 19). Göttingen 1986[5].

3 „Ein verschlossener Garten bist du..." (Hld 4,1-16)

Das Hohelied – oder wie es im Hebräischen heißt: „Das Lied der Lieder" – ist eine Sammlung profaner Liebeslieder, ein Lobpreis menschlicher Liebe und Schönheit.
In dieser Bibelarbeit sollen deshalb möglichst viele Sinne angesprochen und die Teilnehmenden ermutigt werden, ihr eigenes Leben doch auch immer wieder als Ort der Freude und Schönheit zu genießen.

Dauer	*Inhalt und Vorgehen*	*Material*
40′	**„Schön bist du..."** *Plenum, im Stuhlkreis* Klangschale, Bibelarbeit kurz vorstellen Gespräch: • Wann habe ich zuletzt etwas wirklich Schönes gesehen oder erlebt? Verse 1-7 ab CD anhören *Plenum, im Stuhlkreis* Eigene „Schönheitsmittel" vorstellen Verse 1-7 nochmals anhören	Tücher, Duftlampe, Klangschale, CD, CD-Player Textblätter 1
40′	**„Ich sehe deine Augen"** *Plenum, Bewegung im Raum* Gesicht verschleiern (Anleitung S. 60-61) Einander und sich im Spiegel mit den Augen begegnen. Impulsfrage zum Bedenken: • Wenn ich deine/meine Augen anschaue, sehe ich... Tücher ablegen *Plenum, im Stuhlkreis* Austauschgespräch Kurzinformation zur Poesie des Hohenliedes *Einzelarbeit* Persönliches Liebeslied verfassen	Tücher, Spiegel, CD, CD-Player Arbeitsblätter 1, Arbeitsblätter 2, Schreibzeug
35′	**„Ein verschlossener Garten bist du..."** *Plenum, im Stuhlkreis* Die Musik von Melchior Franck anhören *Einzelarbeit*	CD, CD-Player, Textblätter 2

	Einen „verschlossenen Garten" gestalten *Plenum, Bewegung im Raum* Die „verschlossenen Gärten" betrachten *3er-/4er-Gruppen* Gespräch: • Warum ist es so wichtig, dass ein Garten eine Grenze hat, dass er „verschlossen" ist? • Was ist kostbar, was braucht Schutz in meinem Garten?	Legematerial
35'	**„Steh auf, Nordwind!"** *Einzelbesinnung* Vers 16 vorlesen Den eigenen Garten betrachten und evtl. ergänzen *Plenum im Stuhlkreis* Gespräch • Wenn ich das Bild des Gartens auf mich selbst beziehe: Was macht der Wind mit meinem Garten? • Was verändert sich? Die Musik von M. Franck nochmals anhören. Gärten abräumen	

Kommentar

Einrichtung im Raum: Es wird ein Stuhlkreis gestellt und eine „schöne" Mitte gestaltet mit farbigen Tüchern, einer Klangschale und einer Duftlampe. Die Sinne sollen angesprochen werden und auf die Arbeit mit dem Text einstimmen. Auf einem Tisch liegt das Legematerial. Tische stehen bereit für das Gestalten der Gärten.

Textblätter: Für den ersten Teil der Kurseinheit wird ein Blatt mit dem Text Hld 4,1-7 benötigt, für den zweiten Teil eines mit Hld 4,12-16.

„Schön bist du...": Die Teilnehmenden sitzen im Stuhlkreis. Zu Beginn erklingt die Klangschale. Die Leitung weist darauf hin, dass das Thema im ersten Teil der Kurseinheit „Schönheit" ist, das Thema des zweiten Teils „Ein verschlossener Garten bist du".

Schönheit gibt es in allen möglichen Erscheinungsformen. Was wir als schön empfinden, ist von Mensch zu Mensch unterschiedlich. Die Teilnehmenden versuchen, sich an etwas wirklich Schönes zu erinnern, das sie gesehen oder erlebt haben. Das Thema „Schönheit" ist damit angesprochen, aber noch sehr offen.
Das Hohelied ist ein poetischer Text, ein kunstvolles Liebeslied. Eine professionelle Lesung wird ihm eher gerecht, darum wird der Text 4,1-7 ab CD abgespielt. (Z.B. "Das Hohelied Salomos", gesprochen von Anna Thalbach ISBN 3-933199-35-2).
Wir schaffen nun einen persönlichen Bezug zum Thema. Wir freuen uns nicht nur an der Schönheit, die uns umgibt. Zu allen Zeiten war Schönheit etwas gesellschaftlich Erstrebenswertes, und wir tun viel, um schön zu sein, als schön angesehen zu werden und uns schön zu fühlen. Die Teilnehmenden schauen in ihren Taschen nach, was sie an Schönheitsmitteln bei sich haben (Parfums, Lippenstift, Kamm, Puder, Spiegel usw.) oder auch auf sich tragen (Schmuck, Kleidung). Jede Person stellt eines dieser Schönheitsmittel vor und erläutert, was es für sie bedeutet.
Anschließend wird der Text nochmals gemeinsam angehört, diesmal mit dem Textblatt 1 zum Mitlesen.

„Ich sehe Deine Augen": Das Hohelied ist ein Liebesgedicht. Mit den Augen der Liebe wird die Geliebte betrachtet. Alles an ihr ist schön, erweckt Bilder und wird beschrieben. Was sehen wir, wenn wir in die Augen eines anderen Menschen sehen? Der Vers 1c „Deine Blicke (sind) Tauben ..." wird zum Anlass genommen für die folgende Sequenz:
Ein schöner, großer Spiegel wird aufgestellt oder -gehängt. Man hört orientalische Musik. Alle Teilnehmenden (und Leitenden) verschleiern mit bereitgelegten Seidentüchern (nach der Anleitung auf der Zeichnung S. 61) das Gesicht bis auf die Augen. Die Leitung wird dies mit Vorteil vorher ein paar Mal üben, um den Teilnehmenden dabei helfen zu können. Diese wählen dazu ein Tuch, binden es sich selbst oder gegenseitig um, gehen umher, schauen. Augenpaare begegnen einander und begegnen sich selbst im Spiegel. Die verschleierten Gestalten erinnern an eine fremde Szene im Orient. Nach etwa zehn Minuten werden die Tücher abgelegt und die Teilnehmenden setzen sich wieder. Im anschließenden Plenumsgespräch werden die gemachten Erfahrungen ausgetauscht.
Die Leitung gibt einige Informationen zur hebräischen Poesie des Hohenliedes und ermöglicht damit einen besseren Zugang zu der uns eher fremden Bildsprache des Liebesliedes. Dazu wird der Text auf dem Arbeitsblatt 1 (Vorlage siehe S. 62) ausgeteilt.

Die Teilnehmenden erhalten dann ein zweites Arbeitsblatt (Vorlage siehe Seite 63), auf dem die ursprünglichen Vergleichsbilder weggelassen sind. Inspiriert durch den Text versuchen sie, eigene Vergleichsbilder zu finden, um einen geliebten Menschen zu beschreiben. Im Hintergrund läuft leise Musik. Wichtig ist für diese Phase, schon zu Beginn darauf hinzuweisen, dass die entstehenden „Liebesgedichte" nicht ausgetauscht oder kommentiert werden.

„Ein verschlossener Garten bist Du ": Gemeinsam wird ab CD das Lied von Melchior Franck, „Meine Schwester, liebe Braut..." mit dem Text aus dem Hohelied 4,12-16 angehört. (CD: „Das Hohelied Salomos", Arte Nova Musikproduktion, München 1999). Die Teilnehmenden erhalten ein entsprechendes Textblatt zum Mitlesen. In einer Einzelarbeit an den Tischen gestalten sie nun je einen „verschlossenen Garten". Anschließend gehen alle schweigend umher und betrachten diese. Ein Gruppengespräch dient dem Austausch über das Symbol des Gartens und die Bedeutung des Verschlossenseins. In diesem Gespräch ist auch Raum für die Frage nach dem, was im übertragenen Sinn jede Person in ihrem Innern verschlossen hält.

„Steh auf, Nordwind!" Dieser Schritt dient der Vertiefung und Aktualisierung. Die Leitung liest Vers 16 vor. Jede Person setzt sich noch einmal zu ihrem gestalteten Garten und verweilt dort mit diesem Text im Ohr; wer möchte, kann den Garten ergänzen. Die Leitung geht umher und liest Vers 16 noch mindestens zweimal. Das Bild des Gartens wird jetzt auf den eigenen Garten und damit auch auf das eigene Leben bezogen. Die Teilnehmenden erzählen im folgenden Plenumsgespräch, was sich verändert, wenn der Wind durch ihren Garten weht, und was ein frischer Wind im eigenen Leben verändern und in Bewegung bringen könnte.
Nach der Musik von Melchior Franck räumen die Teilnehmenden in aller Ruhe ihre Gärten ab. Die Gärten bergen Kostbares, deshalb ist es wichtig, dass alle sich still von ihrem Garten verabschieden können.

Diese Einheit wurde von den Teilnehmenden in der Erprobungsphase als sehr wohltuend und sinnlich empfunden. Das setzt jedoch eine sorgfältige Vorbereitung voraus. Bei der Gestaltung der Mitte soll der Schönheit ganze Aufmerksamkeit geschenkt werden. Farbkomposition und Wahl der Gegenstände, Duft und Musik sollen auf das Hohelied ausgerichtet sein.

Gedanken und Informationen zu Hohelied 4

Name und Entstehungszeit des Hohenliedes

Das biblische Buch, das Martin Luther „Hohes Lied" nannte, bezeichnet sich selbst als „Lied der Lieder" (hebräisch „schir ha-schirim"), was so viel heißt wie „das größte/beste Lied" (ein Superlativ). Seine Verfasserschaft wird in einer später hinzugefügten Notiz (1,1) – wie auch bei anderen weisheitlichen Büchern (Psalmen, Sprichwörter, Kohelet, vgl. dazu die Informationen zur Bibelarbeit 7) – dem König Salomo zugeschrieben. Vielleicht hat diese Zuschreibung dem Büchlein den Weg in den Kanon der Heiligen Schriften der Juden und Christen geebnet, handelt es sich doch inhaltlich um eine Sammlung profaner Liebeslieder.

Viele Parallelen zur Liebeslyrik des Alten Ägypten lassen auf eine Entstehungszeit der Lieder zwischen dem 8. und 6. Jh.v.Chr. schließen, als enge Beziehungen zwischen Palästina und Ägypten herrschten. Seine heute vorliegende Form hat die Liedsammlung aber erst spät gefunden, entweder in der persischen oder gar erst in der hellenistischen Zeit (4./3. Jh.v.Chr.). Auf Grund seiner guten Kenntnis des syrisch-palästinischen Raumes wird als Entstehungsort des Buches Palästina angenommen.

Das Hohelied im Streit der Auslegungen

Die Ausnahmestellung dieser Sammlung profaner Liebeslieder innerhalb der biblischen Schriften hat dazu geführt, dass man schon sehr früh versuchte, dem Hohenlied eine „tiefere theologische Bedeutung" abzugewinnen. Hatten noch die Übersetzer des Buches ins Griechische (Septuaginta) im 3. Jh.v.Chr. das Buch in seinem eindeutigen Wortsinn als Liebeslyrik verstanden, so begann bereits im 1. Jh.n.Chr. innerhalb des Judentums eine allegorische Auslegung, eine Deutung „im übertragenen Sinn" zu greifen, die dann auch von den Christen übernommen wurde. Auch wenn diese allegorische Deutung vor allem im Mittelalter eine große Bedeutung hatte, die sie erst im 18./19. Jh. langsam einbüßte, hat es doch seit frühester Zeit immer Ausleger gegeben, die das Buch „wörtlich" verstanden, eben als Lobpreis menschlicher Liebe. Im Übrigen hat auch der Wortsinn des Buches seine religiöse Bedeutung. In der alten Welt, in der es die heutige Trennung von religiös und profan noch nicht gab, wurde die Macht der Liebe stets religiös erfahren. Nach biblischer Überlieferung ist der Mensch als Mann und Frau „Bild Gottes" (Gen 1,27), ja die Zweigeschlechtlichkeit des Menschen wird geradezu bejubelt mit dem Ausruf des Mannes: „Das endlich ist Bein von meinem Bein und Fleisch von meinem Fleisch" (Gen 2,23).

Die Bildsprache

Dass sich das Hohelied für eine allegorische Auslegung geradezu anbot, liegt an seiner Bildsprache. Unablässig suchen die Liebenden nach treffenden Vergleichen, um der Schönheit ihrer Liebe den angemessenen Ausdruck zu verleihen. Die Sprache, die sie wählen, spricht einerseits „verhüllend" und ruft nach Entschlüsselung, andererseits ist sie aber auch „offenbarend", d.h. sie sucht nach einem passenden Vergleichsbild, das auch dem Leser und der Leserin etwas sagt, weil sie bereits ähnliche Erfahrungen gemacht haben. Dieses hochkomplizierte System verhüllender und enthüllender Sprache der Liebe hat einen ganz eigenen Reiz – wenn auch nur für Liebende.

Hebräische Poesie

Die Sprache hebräischer Poesie bietet im Parallelismus ein geniales Ausdrucksmittel für bildhafte Vergleiche. Indem in einer folgenden die Aussage der vorhergehenden entweder leicht variiert (synonym) oder ihr widersprochen wird (antithetisch), entsteht keine direkte Beschreibung, sondern ein Verstehensraum, der für die Deutung offen bleibt. Der Spielraum der Assoziation wird dadurch erst eröffnet, dass Bilder nebeneinander gestellt werden. Gerade bei einem „Beschreibungslied" wie es die Verse 1-7 darstellen, ist es für das Verständnis unabdingbar, dass keine direkte Beschreibung des Aussehens erwartet wird (wie z. B. „Du hast lange lockige Haare"). Es soll dagegen eine emotionale Wirkung erzielt werden – etwa das Gefühl der Wildheit, das durch den Vergleich der Haare mit einer den Berg herabstürmenden Ziegenherde hervorgerufen wird: „Dein Haar: wie eine Herde Ziegen, die vom Gileadgebirge herabstürmt" (4,1).

Informationen zum Text

Beim Text Hld 4,1-7 handelt es sich um ein Beschreibungs- oder Bewunderungslied, in dem die erotische Wirkung der Geliebten ihrem Körper entlang vom Kopf bis zum Schoß besungen wird. Dabei werden Bilder und Begriffe aus der Tier- (Verse 1.2.5) und Pflanzenwelt (Vers 3) assoziativ nebeneinander gestellt (s.o.). Der Rahmenvers „Schön bist du" zeigt das Ziel dieses Liedes an: die im Überschwang der Gefühle geäußerte Bewunderung der Schönheit der Geliebten.

Im Text Hld 4,12-16 (5,1 gehört eigentlich noch dazu) begegnet uns ein Rollengedicht in Form eines werbenden Dialogs zwischen Bräutigam (4,12-15; 5,1) und Braut (4,16). Das metaphorische Bild für die Liebe, das hier gebraucht wird, ist das des orientalischen „Königsgartens" (vgl. Koh 2,4-6). Damit wird nicht nur der Ort der Liebe beschrieben, sondern auch die Geliebte selbst. Der Schlussvers mit dem Aufruf zum Essen und Trinken ist „als Chiffre für die Liebe, speziell für den Geschlechtsverkehr, zu entschlüsseln" (W.Bühlmann).

Literatur

BÜHLMANN, W., Das Hohelied (Neuer Stuttgarter Kommentar - Altes Testament 15). Stuttgart 1997.

DAS HOHELIED DER LIEBE, Bibel heute Nr. 118 (1994).

DAS HOHE LIED SALOMOS. Übersetzt, transkribiert und kommentiert von Klaus Reichert. München 1998.

KEEL, O., Das Hohelied (Zürcher Bibelkommentare AT 18). Zürich 1992².

LIEBE UND EROS ZUR ZEIT DER BIBEL, Welt und Umwelt der Bibel Nr. 21 (3/2001).

SCHÖNHEIT, Bibel heute Nr. 157 (2004).

ZAKOVITCH, Y., Das Hohelied (Herders Theologischer Kommentar zum Alten Testament). Freiburg-Basel-Wien 2004.

Anleitung zum „Verschleiern" des Gesichts

Am besten geeignet sind leichte, rechteckige Schals oder Tücher aus Seide oder dünner Baumwolle, etwa 40 x 170 cm gross.

Zuerst wird auf einer Seite des Schals (ca. 45 cm vom Rand entfernt) ein Knoten gemacht, bei dem das Ende nicht durchgezogen wird, sodass er sich leicht durch Ziehen wieder öffnen lässt. (Skizze l)

Dieser Knoten wird in den Nacken gelegt. Das lange Ende des Schals wird wie eine Kappe über den Kopf gezogen und auf der Stirne zu einem offenen Knoten gedreht, der fest sitzen muss. (Skizze 2)

Nun kann der restliche Teil des Schals, wie bei einem Turban, eng um den Kopf gewickelt werden. Der letzte Zipfel wird unter das straff sitzende „Band" geschoben. Achtung: das alles muss über dem Nackenknoten liegen. (Skizze 3)

Jetzt kann vorsichtig der Knoten im Nacken gelöst werden. Dieser Teil des Tuches wird vor das Gesicht gelegt und ebenfalls unter dem „Band" befestigt. (Skizze 4)

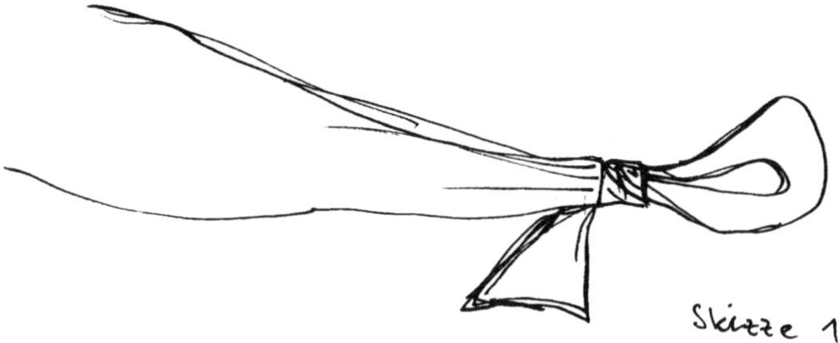

Skizze 1

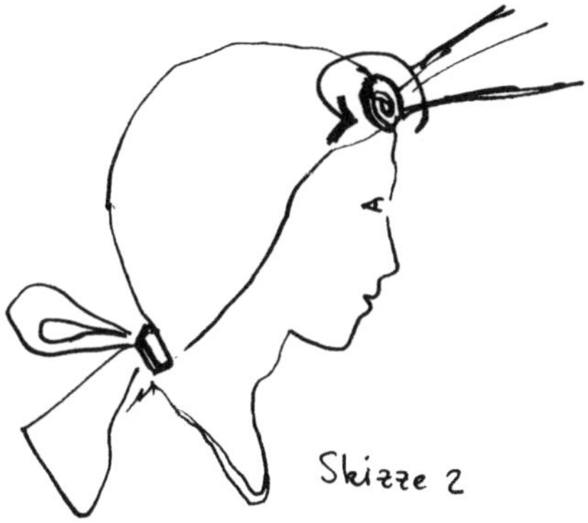

Skizze 2

Skizze 3

Skizze 4

Erika 2006

Arbeitsblatt 1

Sieh doch - schön bist du, meine Liebste, sieh doch - schön –	
Deine Blicke	Tauben hinter deinem Lockenschleier
Dein Haar	wie eine Herde Ziegen, die herabwogen vom Berg Gil'ad
Deine Zähne	wie eine Herde Geschorener, die heraufziehn aus der Schwemme, alle doppelt trächtig, und fehl wirft nicht eins unter ihnen.
Wie ein Band, ein purpurfar- benes und deine Sprachgliedmassen lieblich.	*deine Lippen*
Wie eine aufgesprungene Gra- natfrucht hinter deinem Lockenschleier.	*deine Schläfe*
Wie Davids Turm, gebaut in Steinumgängen, tausend Schilde hängen dran, die ganzen Waffen der Star- ken.	*dein Hals*
Deine zwei Brüste	wie zwei Kitzchen, ein Gazellenpärchen, weidend unter den Hyazin- then den dunkelblauen.
Bis wehn wird der Tag und die Schatten flüchten will ich gehn hin zum Myrrhenberg und zum Weihrauchhügel.	
Ganz und gar schön bist du, meine Liebste, und makellos du.	

Arbeitsblatt 2

<table>
<tr><td colspan="2">Sieh doch - schön bist du, meine Liebste, mein Liebster,
sieh doch - schön -</td></tr>
<tr><td>Deine Blicke</td><td></td></tr>
<tr><td>Dein Haar</td><td></td></tr>
<tr><td>Deine Zähne</td><td></td></tr>
<tr><td></td><td></td></tr>
<tr><td></td><td>deine Lippen</td></tr>
<tr><td></td><td>deine Schläfe</td></tr>
<tr><td></td><td>dein Hals</td></tr>
<tr><td></td><td></td></tr>
<tr><td>Deine zwei Brüste
Deine Brust</td><td></td></tr>
<tr><td colspan="2">Ganz und gar schön bist du, meine Liebste, mein Liebster,
und makellos du.</td></tr>
</table>

4 Die Verhaftung Jesu (Joh 18,1-11)

In der Passionsgeschichte des Johannesevangeliums ist der Garten ein wichtiger Schauplatz. Hier spielen sich dramatische Szenen ab, die von den Beteiligten ganz unterschiedlich erlebt werden. Der Garten ist nicht nur Kulisse, er spiegelt das Erlebte der einzelnen Personen wider.
Den Garten, in dem Jesus gefangen genommen wird, stellen wir in dieser Bibelarbeit aus der Perspektive verschiedener Figuren dar. Das ermöglicht ein differenziertes Verständnis des biblischen Textes.

Dauer	*Inhalt und Vorgehen*	*Material*
70′	**Szenen im Garten** *Plenum im Sitzkreis* Einführung in den Verlauf der Kurseinheit Musik-Meditation (J.S.Bach: Johannespassion) Austauschgespräch • Was habt ihr gehört? • Was ist euch dabei aufgefallen? Einführung in die folgende Methode der Rollen-Standbilder *Plenum, Bewegung im Raum* Raum abdunkeln Ganzen Text vorlesen – Einfühlen in Personen Wahl der Rollen Verse 1-4 vorlesen – 1. Rollen-Standbild stellen Assoziationen äußern – Standbild auflösen Verse 5-6 vorlesen – 2. Rollen-Standbild stellen Assoziationen äußern – Standbild auflösen Verse 7-9 vorlesen – 3. Rollen-Standbild stellen Assoziationen äußern – Standbild auflösen Vers 10 vorlesen – 4. Rollen-Standbild stellen Assoziationen äußern – Standbild auflösen Vers 11 vorlesen *Plenum im Sitzkreis* Austauschgespräch • Was habe ich erlebt? • Was ist mir aufgefallen? • Wie geht's mir jetzt?	CD: Bach: Johannespassion, CD-Player Gong oder Klangschale, Ev. Requisiten, Textblätter

	Text lesen (mit Textblatt zum Mitlesen) Aus der Rolle aussteigen!	
50′	**Zurück zum Tatort** *Plenum, Bewegung im Raum* Tisch mit biblischer Figur auswählen *3er-Gruppen* Austauschgespräch • Wie ist es für die Figur, nach einer Woche den Garten wieder zu betreten? • Wie sieht der Garten jetzt für sie aus? Gemeinsam einen entsprechenden Garten legen *Plenum, im Gehen* Gärten der Reihe nach (Petrus, Judas, Malchus, Unbeteiligte(r) besichtigen Fragen an die Beobachtenden: • Was seht ihr? • Was fällt euch auf? Fragen an die Darstellenden: • Was wolltet ihr darstellen? • Was ist euch wichtig?	Tische am Rand mit Karten: Malchus Judas Petrus Unbeteiligte(r) Legematerial
30′	**Tagebuch** *Einzelarbeit* Tagebucheintrag für sich schreiben *Plenum im Sitzkreis* Möglichkeit einer Mitteilung Ausblick auf Grablegung und Auferstehung Musik: Chor „Ruhet wohl" aus der Johannespassion von J.S.Bach Gärten abräumen Verabschiedung im Kreis	Papier, Schreibzeug CD, CD-Player

Kommentar

Einrichtung im Raum: Es wird ein Stuhlkreis gestellt. Die Legematerialien für die Gärten liegen auf einem Tisch, weitere Tische stehen am Rand für die Gruppenarbeit.

Textblatt: Das Textblatt enthält den gesamten Text Joh 18,1-11.

Szenen im Garten: Mit Musik aus der Johannes-Passion von Johann Sebastian Bach (z.B. den Sätzen 2a – 6, ca. 7') beginnt diese Bibelarbeit. Die Musik hilft den Teilnehmenden, anzukommen, und schafft eine gute Voraussetzung für die Textarbeit, weil sie direkt zum Geschehen hinführt.

In Joh 18,1–11 wird eine dramatische Geschichte erzählt. Sie spielt in einem Garten. Wir lesen, was sich in diesem Garten abgespielt hat und welche Personen an diesem Geschehen beteiligt oder als Zuschauer dabei waren. Durch die Identifikation mit Personen oder Rollen in einem Text entsteht ein besseres Verständnis für das Handeln jener Personen und für das, was zwischen den verschiedenen Akteuren an Gefühlen und Gedanken spielt. Die Geschichte wird dichter und dynamischer. Vielleicht entdecken die Teilnehmenden auch eigene Anteile an einer Rolle.

Mit dieser Methode der Rollen-Standbilder wird die Geschichte in Sequenzen nachgestellt: Nachdem die Rollen gewählt sind, wird der Text in Abschnitten vorgelesen. Nach jedem Abschnitt ertönt ein Gong. Dann stellen die Teilnehmenden ohne zu sprechen ein Bild, das einen Moment des Geschehens festhält und zeigt, in welcher Haltung die beteiligten Personen stehen, liegen oder sitzen, wo und in welcher Distanz oder Nähe zueinander sie sich befinden. Das Standbild wird kurze Zeit „eingefroren", d.h. die Darstellenden bleiben unbewegt in ihrer Position. Die Geschichte wird also nicht mit Bewegung gespielt. Es ist kein „Film", sondern eine „Bildergeschichte" oder ein „Cartoon". Anschließend sagen die Personen aus ihrer Rolle heraus, was ihnen durch den Kopf geht. Wieder ertönt der Gong. Jetzt kann das Standbild aufgelöst werden. Die Rollen werden für die weiteren Standbilder beibehalten.

Der ganze Ablauf hat vier Phasen: Einführung, Einstimmung, Darstellung und Auswertung. Er braucht eine klare Struktur, innerhalb derer sich der Ausdruck entfalten kann. Wichtig ist eine ruhige und klare Leitung.

In der Einführung wird die Aufgabe erläutert. Unsicherheiten können geklärt und Fragen beantwortet werden.

Die Einstimmung ist für den Ablauf sehr wichtig. Die Geschichte führt in eine andere Zeit und an einen anderen Ort. Jesus wurde nach dem johanneïschen Passionsbericht in einem Garten verhaftet. Es war vermutlich dunkel. Im Dunkeln geschieht Vieles, das nicht gesehen werden soll. Die Leitperson verdunkelt den Raum und schafft damit eine besondere Atmosphäre. Der ganze Text wird jetzt vorgelesen, während die Teilnehmenden im Raum umhergehen. Sie versuchen, sich in die

verschiedenen Personen hineinzuversetzen. Das ist die Voraussetzung für die Rollenwahl. Folgende Rollen sollen besetzt werden: Jesus, Petrus, mindestens ein weiterer Jünger, Judas, Soldaten, Malchus, evtl. Diener der Hohepriester.
Nachdem die Teilnehmenden entschieden haben, welche der verschiedenen Rollen sie spielen, mit welcher Person in der Geschichte sie sich identifizieren wollen, werden die gewählten Rollen bekannt gegeben. Nach und nach betreten nun die Teilnehmenden vom Rand des Raumes her den Garten (in der Mitte des Raumes). Dabei nennen sie deutlich noch einmal ihre Rollen, so dass Leitende und Mitdarstellende den Überblick über die Szene behalten können.
Der Text ist das „Skript". Die Beteiligten erleben das Geschehen aus ihren unterschiedlichen Perspektiven. Die Standbilder machen Vieles sichtbar. Wenn ein Standbild steht – das soll schnell und spontan geschehen – ist kurz Zeit, unmittelbare Gedanken aus der Rolle heraus zu formulieren. Auch hier ist es gut, wenn nochmals die Rollen genannt werden („Ich als Petrus finde....").
Am Ende der Darstellungsphase kann der Text nochmals vorgelesen werden. Dann steigen die Darstellenden bewusst aus ihren Rollen aus. Es ist wichtig, dass die Leitung darauf hinweist, dass jeder und jede nun wieder als Verena oder Peter im Plenum sitzt.
Die Auswertung ist ein zentraler Teil des ganzen Ablaufs. Alle erzählen, was sie in ihren Rollen erlebt haben und was ihnen in Bezug auf den Text deutlich oder wichtig geworden ist. Es ist empfehlenswert, dazu das Textblatt auszuteilen.

Zurück zum Tatort: Einige Zeit ist vergangen seit der Verhaftung Jesu im Garten. Die Teilnehmenden stellen sich vor, dass Judas, Petrus, Malchus und eine unbeteiligte Person wieder – je für sich – in den Garten gehen. Der Garten ist derselbe – ist er derselbe? Mit welchen Gefühlen und Gedanken betreten ihn die Personen in der Geschichte, und wie sehen sie ihn? Die Teilnehmenden entscheiden sich für eine Person, als die sie nochmals in Gedanken in den Garten gehen möchten und stellen sich zum Tisch mit dem betreffenden Namen. Die Gruppen sollten nicht mehr als drei Personen umfassen, allenfalls werden zu einer Figur mehrere Gruppen gebildet. Es muss nicht zu allen Figuren eine Gruppe geben.
In den Gruppen wird darüber nachgedacht, wie es wohl für Judas, Petrus, Malchus oder die unbeteiligte Person ist, zum Tatort zurückzukehren. Als Gruppe gestalten sie darauf den Garten, den diese jetzt vorfinden.

Anschließend gehen alle Teilnehmenden gemeinsam von Garten zu Garten, schauen jeden an und sagen, was ihnen dabei auffällt. Die Wahrnehmungen werden überprüft, das heißt, die Gartengestalter haben auch die Gelegenheit, zu sagen, was ihnen wichtig war und was sie zeigen wollten. Die Leitung kann hier auch theologische Informationen einfügen.

Tagebuch: Die Einzelarbeit ermöglicht den Teilnehmenden, wieder ganz zu sich zu kommen, zu ihren eigenen Gedanken und Gefühlen. In einem Tagebucheintrag schreiben sie auf, was sie berührt oder beschäftigt.
Wenn hier eine Runde folgen soll, in der das Geschriebene vorgelesen werden kann, wird dies schon zu Beginn von der Leitung angekündigt. Andernfalls wird darauf hingewiesen, dass die Tagebucheinträge privat bleiben.
Diese Bibelarbeit begann mit Musik aus der Johannespassion, sie klingt ebenso aus. Das Stück „Ruhet wohl..." (Satz 39, ca. 8') wird eingespielt, eine ruhige, tröstliche Musik, die einen Ausblick auf die Grablegung und die Auferstehung Jesu gibt, was von der Leitung als einführender Kommentar zum Ausklang noch erwähnt wird. Still räumen die Teilnehmenden währenddessen ihre Gärten ab.

Gedanken und Informationen zur Geschichte von der Verhaftung Jesu

Das Evangelium nach Johannes
Das Johannesevangelium ist um 100 n. Chr in Kleinasien oder in Syrien entstanden. Der Verfasser des Johannesevangeliums nennt seinen Namen nicht; es handelt sich wahrscheinlich um einen Judenchristen. Die Abfassung durch einen Augenzeugen (z.B. den Zebedaïden Johannes) ist ausgeschlossen, und aus der Gestalt des „Lieblingsjüngers" können keine direkten Schlüsse auf den Verfasser gezogen werden.
Der Verfasser, den wir mit der Tradition Johannes nennen, greift grundsätzlich auf andere Quellen zurück als die anderen drei Evangelisten. Das gilt auch für die Passions- und Ostergeschichten. Sie sind zwar mit den synoptischen verwandt, jedoch literarisch unabhängig und eigenständig. Durch das ganze Johannesevangelium findet eine Auseinandersetzung mit Außenstehenden statt, besonders mit „den Juden", bzw. mit der jüdischen Vergangenheit der Christen.

Das Johannesevangelium besteht aus zwei Teilen: der erste handelt von Jesu öffentlichem Wirken, der zweite von seiner Passion in Jerusalem. Hier finden wir die Abschiedsreden (Kap. 13-17) und die Passions- und Ostergeschichte (Kap. 18-20; Kap 21 gilt als spätere kirchliche Überarbeitung). Inhaltlich offenbart sich hier Jesus in seiner Herrlichkeit vor den „Seinen" in der öffentlich sichtbaren Passion, die durch den Glauben als „Erhöhung" erkannt wird.
Das Johannesevangelium ist keine Missionsschrift, sondern ein Glaubensbuch für die christliche Gemeinde. Der Evangelist möchte der Gemeinde die entscheidenden Aussagen des christlichen Bekenntnisses deutlich machen. Sie sollen dadurch in ihrem bereits vorhandenen Glauben bestärkt werden. Dieser Gemeinde wird gezeigt, wie sie vom Geist „in alle Wahrheit geleitet" wird und dadurch in der Welt trotz aller Anfechtungen „bleibt". Dabei ist das zentrale Anliegen das Zeugnis, dass Jesus das Mensch gewordene Gotteswort ist und uns zur Geschwisterliebe ermahnt, damit sich die Gemeinde von einer Welt unterscheidet, die darauf mit Hass reagiert.

Kreuz und Auferstehung
Das Kreuz steht von Anfang an im Licht der Auferstehung. Die Passion ist die Rückkehr des göttlichen Gesandten in die Herrlichkeit seiner vorherigen Lebensweise bei Gott und wird darum als Verherrlichung beschrieben. In ihr verdichtet sich die Wirksamkeit Jesu zum Höhepunkt als Verherrlichung des Sohnes und damit zugleich als Verherrlichung des Namens des Vaters, die wiederum eine Einheit sind.
So verwundert es nicht, dass die Passion der Dreh- und Angelpunkt des Geschehens ist. Dies wird deutlich dadurch, dass sich Hinweise auf die „Stunde" der Passion durch das ganze Evangelium ziehen. Und zudem geht Jesus schließlich frei und souverän, z.B. ohne Todesangst bei der Verhaftung, in den Tod (und nicht in „Niedrigkeit" wie bei den anderen Evangelisten). Die Konzentration auf das Leiden und den Tod Jesu ist so zentral, dass dieses Evangelium auch schon als „Passionsgeschichte mit ausführlicher Einleitung" bezeichnet worden ist.

Vorgeschichte (Kap. 13 – 17)
Jesus und seine Jünger nehmen das letzte Mahl vor dem Pescha-Fest ein. Dabei überliefert uns der Evangelist nicht – wie die Synoptiker – das Abendmahl, sondern die Fußwaschung. Jesus kündigt seinen bevorstehenden Abschied an, nicht aber, ohne die Jünger zu trösten. In seinem letzten Gebet bittet er um vier Dinge für die Gläubigen: Erhaltung, Heiligung, Einheit, Teilhabe und er verspricht ihnen den Beistand, der sich

weiterhin um sie kümmern wird, wenn er einmal nicht mehr unter ihnen weilen wird.

Erklärungen zum Text

Vers 1: Jesus verlässt mit seinen Jüngern den Raum, in dem sie das letzte Mahl eingenommen haben und in dem er die Jünger über die Zukunft aufgeklärt, sie getröstet und für sie gebetet hat.

Sie gehen hinaus an den Bach Kidron. Dieser verläuft zwischen dem Tempelberg und dem Ölberg hindurch zum Toten Meer. Wie David von seinem Freund Ahitofel verraten wurde, während er auf dem Weg zum Ölberg den Kidron überquerte (2 Sam 15,23.30f), so wird auch Jesus auf diesem Weg von seinem „vertrauten Freund" Judas verraten werden.

Nach Lk 21,37 übernachteten Jesus und seine Jünger üblicherweise auf dem Ölberg, wenn sie sich in Jerusalem aufhielten, denn zu den Festzeiten (wie hier dem Pescha-Fest) war die Heilige Stadt von Tausenden von jüdischen Pilgern so überfüllt, dass die meisten von ihnen in Zelten oder anderen provisorischen Unterkünften schlafen mussten.

Besondere Beachtung verdient hier die Tatsache, dass Johannes der einzige Evangelist ist, welcher betont, dass es sich beim Ölberg um einen Garten handelt. Ebenso findet die Grablegung Jesu in einem Garten statt. Damit möchte der Evangelist wohl das Entscheidende des Heilsgeschehens hervorheben. Gott schuf die Welt als einen Garten (Gen. 2,8). Aus diesem Garten wurden die Menschen wegen ihrem Ungehorsam vertrieben. Und in einem Garten findet nun das versöhnende Geschehen statt, das gar nicht den herrlichen Anschein macht, den es eigentlich hat. Nur der Garten weist auf das Bedeutende hin, das hier passiert. Im Garten finden ganz und gar ungewöhnliche und unerwartete Ereignisse statt, ein Verbrechen und später das Wiedersehen mit dem tot geglaubten Jesus durch Maria (vgl. Bibelarbeit 1).

Verse 2 und 3: Da Judas Jesu Gewohnheiten kennt, kann er ihn den Häschern leicht ausliefern. Er tut dies nach den anderen Evangelien gegen ein Bestechungsgeld (mit dem in Mt 26,15 genannten Betrag von 30 Silberlingen kaufte man einen Sklaven frei; es dürfte sich also um eine beträchtliche Summe gehandelt haben, ihr Wert kann heute nicht mehr genau ermittelt werden). Davon berichtet uns Johannes jedoch nichts.

Der Hass auf Jesus hat die Soldaten und Knechte der Hohenpriester und Pharisäer zusammengeführt. Die römische Besatzungsmacht hat eine Kohorte, den zehnten Teil einer Legion, also sechshundert Mann, abgestellt, wahrscheinlich mit dem Befehl, einen Aufständischen, der behauptete, ein König zu sein, festzunehmen.

Vers 4: „Jesus wusste alles, was ihm begegnen sollte." Er wird von seinen Feinden also nicht überrascht, sondern gibt sich freiwillig als Opfer in deren Hände, wie er es indirekt bereits angekündigt hat (Joh 10,15.17f). Die Szene ist von gespenstischer Dramatik. Judas kommt mit den überdimensioniert vielen Leuten, um Jesus gewaltsam abzuführen. Doch Jesus tritt ihnen ganz allein entgegen (die Jünger müssen wohl eingeschlafen sein, vgl. Lk 22,45f). Obwohl er unbewaffnet ist, beherrscht er die Situation. Es wäre ihm ein Leichtes gewesen, in der Dunkelheit der Nacht zu fliehen, wie es die Jünger bald darauf tun werden (vgl. Mk 14,50). Doch er ergibt sich seinen Häschern.
Verse 5 und 6: Das Verifizieren der Person Jesu wirkt sehr künstlich, da Judas, die Diener der Priester und einige der Soldaten ihn mit all' dem mitgeführten Licht wohl leicht erkennen konnten. Judas möchte sich verständlicherweise im Hintergrund halten. Zudem ist die Beweislast natürlich doppelt so groß, wenn der gesuchte Verbrecher seine Identität gleich selbst kundtut, als wenn er bloß von Judas angeschuldigt würde. Man will ja doch keine Fehler machen in dieser Angelegenheit. Deshalb wird Jesus gleich noch ein zweites Mal identifiziert. Er ist es wirklich, obwohl es überhaupt nicht so aussieht, hat man doch einen Irren oder vermeintlichen König erwartet. Obwohl ihn wahrscheinlich die meisten kennen, wie er da in ihrem hell erleuchteten Lichtkreis steht, erkennen sie ihn nicht als den, der er wirklich ist. Sie haben Augen und können doch nicht sehen ...
„Ich bin's", doppelt Jesus mit einer zweideutigen Wendung nach. Sie könnte sich auf Jesu Gottheit beziehen (Jahwe: Ich bin der ich bin, Ex 3,14 und Joh 8,58, wo Jesus sagt: „Ehe Abraham war, bin ich") und diese jetzt eben ganz deutlich herausstellen – oder auch einfach ein Erkennungszeichen gewesen sein (wie 9,9).
Die bewaffnete Kriegertruppe erschrickt, weicht zurück und fällt zu Boden. Mit dieser dramaturgischen Überhöhung will der Evangelist die Souveränität des Gottessohnes hervorheben, die sich rein durch seine Worte manifestiert. Ebenso wird die Absurdität des Unterfangens gezeigt, dass man für einen einzigen harmlosen Menschen ein solches Aufgebot herbeibemüht (vgl. auch Mk 14,48). Der menschlichen Machtdemonstration wird die ganze Ohnmacht Jesu, welche gleichzeitig die ganze Macht Gottes ist, entgegengestellt, und damit werden die vermeintlich Mächtigen entmachtet.
Verse 7-9: „Lasset diese gehen", bittet Jesus und setzt damit gleich seine Schutzverheißung aus dem vorhergehenden Gebet praktisch um. Zudem macht er deutlich, dass er als der gute Hirte sein Leben lässt für die Schafe (10,11). Er stirbt stellvertretend, nicht nur für sie, sondern anstelle von

ihnen. Damit erfüllen sich der Willen seines Vaters für die Apostel wie auch seine eigenen prophetischen Worte (6,38ff).
Vers 10: Petrus handelt, zieht sein Schwert und schlägt das rechte Ohr des Malchus ab. Mit allen ihm zur Verfügung stehenden Mitteln versucht er, Jesus zu helfen. Er ist es, der diese Ohnmacht einfach nicht aushält. Doch diese Intervention könnte die Situation bloß verschärfen. Wie gut, dass er offensichtlich nur schlecht trifft. Angesichts von Hilflosigkeit oder blinder Wut kann eine Sachlage eher misslingen als zu einem guten Ende geführt werden.
Das rechte Ohr, auch von Lukas (22,50) überliefert, mag einen symbolischen Gehalt aufweisen. Es geschieht bei jener Partei, die wohl ziemlich begriffsstutzig ist und einfach gar nichts versteht. „Wer Ohren hat, der höre!“ Doch obwohl alle zuhören, versteht keiner etwas.
Vers 11: Jesus tadelt Petrus. Auch der versteht nicht wirklich, was hier läuft. Jesus soll verherrlicht werden, wie es der Wille des Vaters ist und wie er es bereits unzählige Male angekündigt und den Jüngern zu erklären versucht hat. Doch dass diese Verherrlichung über den Tod stattfinden soll, ist nun wirklich kaum zu verstehen.
Jesus geht konsequent diesen Weg. Er nimmt diesen Kelch, den ihm sein Vater gegeben hat und überlässt sich schließlich seinen Häschern. Er will den Heilsplan seines Vaters erfüllen. Mit dem Kelch spielt der Evangelist wohl bewusst auf die Abendmahlspraxis der Gemeinde an. Auch dort wird der Kelch in einer gewissen Zweideutigkeit genommen: einerseits zum Heil, aber andererseits auch ausgesetzt dem Leiden des Christseins, welches in jener Zeit bis zur Verfolgung und Ächtung, ja bis zum Tod führen konnte.
Fazit: Der Garten am Ölberg wird so zu einem Neuanfang, zum wichtigen Schritt bei der Wiederherstellung des Paradiesgartens. Dieser Neubeginn geschieht nicht erst im Himmel, sondern mitten unter uns Menschen, die wir in Liebe zusammenleben und damit der Ohnmacht, der wir bisweilen ausgeliefert sind, standhalten können – nicht mit dem Schwert, sondern ebenfalls in der alles verbindenden Liebe.

Literatur

Vgl. Bibelarbeit 1 S. 45.

5 Das Senfkorngleichnis (Lk 13,18-19)

Das Wachstum des Reiches Gottes wird verglichen mit der Entfaltung eines Senfkorns, das ein Mensch in seinen Garten säte. Wir können das Wachsen eines Samens nicht direkt beeinflussen, aber die Bedingungen dafür schaffen, dass er gut wachsen kann. Auch wir selbst sind Wachsende und auf einen förderlichen Lebensraum angewiesen.
In dieser Bibelarbeit erleben wir das kurze Gleichnis aus drei Perspektiven: Derjenigen des säenden Menschen, derjenigen des gesäten Samens und schließlich derjenigen der Vögel, für die der Baum einen wunderbaren Lebensraum bietet.

Dauer	*Inhalt und Vorgehen*	*Material*
40′	**Den Samen säen** *Plenum im Sitzkreis* Samen in der Hand halten, reiben, wärmen Samen auf dem Tuch „säen" Text lesen Hinweise zum Ablauf der Kurseinheit *3-er Gespräch* • Was bedeutet es für uns, Samen zu säen? • Was säen wir und was wollen wir?	Karottensamen, Grosses braunes Tuch in der Mitte am Boden, Textblätter
30′	**Den Garten pflegen** *Einzelarbeit im Sitzkreis* Den Ort um die gesäten Samen gestalten *Plenum im Sitzkreis* Austausch • Welche Umgebung brauchen meine Samen? • Wie pflege ich das Gesäte?	Legematerial
40′	**Ich bin der Same** *Einzelarbeit* Phantasiereise (Anleitung S. 81) *Partnerarbeit* Austausch • Was habe ich auf dieser Reise erlebt?	
40′	**Der Baum als Lebensraum** *Einzelarbeit im Sitzkreis* Den eigenen Lebensraum gestalten	Legematerial

	Plenum, Bewegung im Raum Besichtigen der gestalteten Lebensräume *Plenum im Sitzkreis* Text nochmals lesen Austauschgespräch • Was ist mir an den Lebensräumen aufgefallen? • Wie verstehe ich den Text jetzt? Theologische Informationen einfügen Gestaltung abräumen	

Kommentar

Einrichtung im Raum: Auf Tischen am Rand des Raumes liegt verschiedenes Legematerial bereit. In der Mitte des Stuhlkreises liegt auf dem Boden ein großes braunes Tuch (oder mehrere kleinere). Es symbolisiert die Erde, in die Samen gelegt werden. Es liegt nicht ganz flach ausgebreitet, sondern locker, so dass es auch möglich ist, die Samen mit einer Tuchfalte zu bedecken.

Textblätter sind hier nicht nötig. Zum Vorlesen soll eine Übersetzung gewählt werden, die von einem Menschen und nicht von einem Mann erzählt.

Den Samen säen: Erfahrene GemüsegärtnerInnen wissen, dass Samen besser keimen, wenn sie gerieben und gewärmt werden, bevor man sie in die Erde legt. Dabei entfaltet sich bereits der Duft der späteren Früchte. Im ersten Schritt soll dieses Erlebnis die Teilnehmenden auf die Thematik einstimmen. Dazu eignen sich Karottensamen gut. Sie sind sehr klein und duften intensiv. Natürlich kann man auch Senfsamen verwenden, aber der bei uns erhältliche entspricht ohnehin nicht dem im Gleichnis erwähnten, er ist größer und duftet nicht so stark.
Jeder Teilnehmerin und jedem Teilnehmer werden ein paar Karottensamen in die Hand gegeben. Sie werden aufgefordert, diese vorsichtig etwas zu reiben und daran zu riechen. Die Nase nimmt bereits jetzt wahr, welche Pflanze einst aus diesem kleinen Samen entstehen wird. Anschließend legen alle ihre vorbereiteten Samen in die durch das braune Tuch symbolisierte Erde, jede Person vor ihrem Platz im Stuhlkreis.
Der kurze Text wird zweimal vorgelesen.

Die Leitung gibt nun den ganzen Ablauf bekannt und weist darauf hin, dass die Teilnehmenden sich dem Text aus drei verschiedenen Perspektiven nähern werden, nämlich:

- als Menschen, die säen
- als Menschen, die selber wie Samen am wachsen sind
- als Menschen, die ein bestimmtes Umfeld vorfinden, diesen Lebensraum aber auch mitgestalten können.

Die Perspektivenwechsel werden jeweils von der Leitung sorgfältig eingeführt, damit sie nicht allzu große Brüche im Ablauf hervorrufen.
Zu dritt gehen die Teilnehmenden der Frage nach, was das Säen für sie bedeutet, z.B. was sie säen, wo sie säen und welche Erfahrungen sie dabei machen. „Säen" kann natürlich auch im übertragenen Sinn verstanden werden. Es bleibt den Teilnehmenden überlassen (und hängt natürlich auch von deren Lebenssituationen ab), ob ihr Gespräch sich um reale Feld- und Gartenarbeit dreht oder ob sie über das sprechen, was sie in ihrem Leben oder im Beruf mit Hoffnung auf Wachstum anlegen und gestalten. Wenn Eltern teilnehmen, wird sich vielleicht auch ein Austausch über das Aufwachsen der Kinder und über Erziehungsfragen ergeben.

Den Garten pflegen: Die Teilnehmenden werden eingeladen, mit dem Legematerial den Ort zu gestalten, wo sie ihre Samen gesät haben.
Der folgende Austausch im Plenum bezieht sich auf das wachstumsfördernde oder -hemmende Umfeld und die nötige Pflege für die Samen. Dabei kommen natürlich all die Themen, die im vorangehenden Gruppengespräch diskutiert wurden, wieder in den Blick. Dadurch wird die breite Symbolik und Übertragbarkeit der Metapher des Säens und Wachsens deutlich.

Ich bin der Same: Wir wechseln nun die Perspektive ein erstes Mal, indem wir uns mit dem Samenkorn identifizieren. Es besteht ein großer Unterschied, ob ich mich rein verstandesmäßig mit einem Samenkorn befasse oder ob ich selbst in die Rolle eines Samenkornes schlüpfe und in meiner Vorstellung sinnliche Erfahrungen mache. Damit dies möglich ist, braucht es eine gute Vorbereitung, d.h. eine Tiefenentspannung, die auf der Körper-Ebene angestrebt wird. Die Teilnehmenden sollen darauf hingewiesen werden, dass sie jederzeit aus der Phantasiereise aussteigen können, wenn es für sie unangenehm wird. Meist reicht es, wenn sie dazu die Augen öffnen, die Fäuste ballen oder sich recken. Wer nicht in dieser Intensität mitmachen möchte, kann auch still zuhörend teilnehmen. Die Anleitung auf Seite 81 vermittelt einen Eindruck, wie die Phan-

tasiereise gestaltet werden könnte. Auf jeden Fall soll sich die Leitung selbst intensiv mit der Reise befassen, zu der sie dann die Teilnehmenden einladen will. Die Anleitung wird langsam mit Pausen gesprochen, um Raum für innere Bilder zu geben.
Die Teilnehmenden tauschen zu zweit ihre Erfahrungen aus, die sie während dieser Phantasiereise gemacht haben.

Der Baum als Lebensraum: Nun folgt der zweite Perspektivenwechsel. In der folgenden Einzelarbeit wird nochmals mit dem Legematerial gearbeitet. Anknüpfend an die Vögel, die in der Krone des Baumes einen für sie passenden Lebensraum finden, geht es um den je eigenen Lebensraum und die Frage: Was ist bereits vorhanden, was kann und will ich neu gestalten? Oder bezogen auf das eigene Leben: Was ist da, was kann ich ändern, was nicht?
Die Teilnehmenden gestalten ihren Lebensraum am gleichen Ort auf dem braunen Tuch, wo sie zuvor die Umgebung für ihren Samen gelegt haben. Wie weit sie diese erste Gestaltung einbeziehen, verändern oder wegräumen, ist ihnen überlassen.
Die verschieden gestalteten „Lebensräume" werden von allen beim Umhergehen besichtigt, dann wird der Text nochmals gelesen. Im Austausch geht es vor allem um die Erfahrungen in der letzten Sequenz, aber auch um das Verständnis des ganzen Gleichnisses. Die Leitung erwähnt nochmals die drei Perspektiven, unter denen das Gleichnis bearbeitet wurde. Sie lassen vielleicht neue Einsichten oder auch Fragen zum Text entstehen. Hier fügt die Leitung evtl. noch theologische Informationen an. Den Abschluss bildet das ruhige Abräumen der einzelnen Gärten.

Gedanken und Informationen zum Gleichnis vom Senfkorn

Zu den Gleichnissen im allgemeinen
Jesus war nicht der erste, der Gleichnisse erzählte, aber sie haben in seiner Verkündigung einen wichtigen Stellenwert: Sie bilden etwa ein Drittel der aufgezeichneten Worte und sind Träger seiner Botschaft. Jesu Gleichnisse beziehen sich meist auf das, was er „Reich Gottes" nennt. Sie geben uns die Möglichkeit, im Vergleich mit unserer eigenen Wirklichkeit zu verstehen, was er damit meint. Beim Erzählen eines Gleichnisses richtet, mahnt, droht oder fordert Jesus nicht, sondern führt die Hörenden zum Entdecken neuer Lebensmöglichkeiten. Die Botschaft ist unbe-

quem und aufrüttelnd, oft erschreckend anders als das Gewohnte. Wie die Menschen damals, fordern die Gleichnisse auch uns zur Auseinandersetzung mit uns selbst und zum Widerspruch heraus.
In seinen Gleichnissen entwickelte Jesus ein neues Verständnis Gottes. Im Judentum seiner Zeit wurde die Gottesherrschaft streng jenseitig verstanden. Die gegenwärtige Welt war von der zukünftigen Welt Gottes deutlich geschieden. In den Gleichnissen Jesu dagegen wird die Gottesherrschaft mit der Welt in Beziehung gebracht. Wo Gott dem Menschen nahe kommt, da ist der Himmel. Damit ist nicht ein Zustand gemeint, sondern ein Ereignis, nicht ein abgrenzbarer Bereich, sondern ein offenes Geschehen.

Symbole

Das Gleichnis vom Senfkorn könnte man, wie viele andere Gleichnisse, als Symbolgeschichte bezeichnen. Es kommen gleich sechs Symbole darin vor: Senfkorn, Mensch, Garten, Erde, Baum und Vögel. Jedes Symbol ist mehrdeutig und löst verschiedene Reaktionen aus (vgl. dazu auch die methodische Einleitung S. 26ff). Die Fülle des symbolischen Bildes bleibt letzten Endes unübersetzbar. Es ist ein innerseelisches Erlebnis, das nur mit dem Herzen verstanden werden kann. Der Schweizer Psychoanalytiker C.G. Jung (1875-1961) spricht von „Archetypen". Dies sind Erfahrungsdimensionen, die bei bestimmten Symbolen (z.B. Herz, Mond, Baum usw.) Erfahrungspotenziale in uns freisetzen, die sich im Lauf der Menschheitsgeschichte entwickelt haben. Beim Anrühren werden wir berührt. Bewusstes und Unbewusstes geraten in Bewegung. Archetypen können Wandlungen bewirken. Sie haben eine heilende Funktion. Wir können verschiedene Zugänge zu einem Symbol suchen, z.B. indem wir uns in der Entspannung mit Malen, Tonen oder durch innere Identifikation mit ihm befassen und so eine wichtige Botschaft für uns persönlich vernehmen. Die Legematerialien, mit denen wir in diesen Einheiten arbeiten, sind selbst ebenfalls Symbole, die uns zu einem tieferen Verständnis auf dieser Ebene führen können.

Erklärungen zum Text

Das Senfkorn-Gleichnis kommt in allen drei synoptischen Evangelien vor (Mt 13,31-32 und Mk 4,30-32). Die meisten AuslegerInnen halten es für authentisch, so dass es einen möglichst direkten Zugang zum Denken Jesu gewährt. Bei Markus (und Matthäus) steht eher der Kontrast zwischen dem kleinen Samen und dem großen Baum im Vordergrund. Das Gleichnis betont dort die Differenz zwischen der Welt und dem Reich Gottes. In der Logienquelle, auf die Lukas zurückgreift, ist der

Wachstumsprozess betont. Wo nichts zu erwarten ist, wird am Ende doch alles erreicht werden.
Die Doppelfrage Jesu zu Beginn verdeutlicht die Distanz zwischen dem, was das Reich Gottes ist und dem, was Jesus darüber sagen kann.
Menschen setzen Samen entweder gezielt in einen Garten oder sie fallen, vom Wind getragen, auf freies Feld. Im Orient, und speziell in Palästina, ist es der schwarze Senf (brassica nigra), der sehr verbreitet ist und auch wild sprosst. Sein Same hat einen Durchmesser von einem Millimeter, während die ausgewachsene Senfpflanze 2-3 Meter hoch werden kann. Wenn Jesus von einem großen Baum spricht, so ist dies gewiss bildlich zu verstehen. Immerhin gehörte der schwarze Senf zu den größten Gemüsepflanzen in einem Garten. In der Matthäusvariante wird der Same aufs Feld gesät, was nach jüdischen Quellen das üblichere war. Der Garten bei Lukas könnte eine eher griechisch geprägte Umgebung widerspiegeln. Möglicherweise sollte damit der Gedanke der Sorgfalt und Pflege betont werden, die den Pflanzen in einem Garten in viel höherem Maß zukommen als der Saat auf dem Feld.
Die Senfpflanze wurde damals vielfältig verwendet: Ihre Blätter wurden gekocht, die Samen als Gewürz und Medizin gebraucht – oder dienten den Vögeln als Futter. Seltsam ist bei der Kleinheit des Samens das Säen eines einzelnen Senfkorns. Es kommt jedoch im Gleichnis nicht auf eine realistische Beschreibung der Gartenarbeit an, sondern auf das unwahrscheinliche Wachstums dieses einen Samens.
Aus dem Alten Testament bekannt ist der Vergleich eines Reiches mit einem Baum, in dem andere Völker, symbolisiert als Vögel, Zuflucht finden (Ez 17,22-24, Dan 4,7ff). Überraschend ist dagegen das Bild des kleinen Samens im Garten. Jesus betont damit die Besonderheit des Anfangs und spricht hier wohl von seinem eigenen Wirken.
Dieses Gleichnis war zur Zeit Jesu vor allem an Zweifler gerichtet, die nicht so recht an die kommende Herrschaft Gottes glauben wollten. Deshalb die Antwort Jesu: So sicher wie aus dem Senfkorn ein Baum wird, so sicher kommt zu ihrer Zeit die Herrschaft Gottes. Aber dieses Kommen ist Gott allein vorbehalten. Zur Zeit der Abfassung der Evangelien hatte sich die Frage für die christlichen Gemeinden etwas verändert: Diskutiert wurde nun der Zeitpunkt des Kommens. Die christlichen Gemeinden waren am Wachsen wie der Baum im Garten – wann würden sich die Vögel (die anderen Völker) darin niederlassen können?

Auslegungsvielfalt
Es bildeten sich zunächst vor allem zwei Typen von Verständnis heraus, ein eher individuelles:

- Die Verkündigung des Gottesreiches, der Glaube, das Evangelium, Christus breitet sich aus, so dass überall auf der Welt die Botschaft gehört werden kann. Das Reich Gottes befindet sich jedoch letztlich im Menschen (vgl. Lk 17,21).

und ein eher institutionell-kirchliches:
- Das Reich Gottes ist die Kirche. Christus ist der Sämann, bei dem diese ihren Anfang nahm. Sie wächst und wird schließlich die ganze Erde umspannen. Wie der Baum den Vögeln bietet sie anderen Reichen einen Zufluchtsort.

Zwischen diesen beiden Polen finden sich die Auslegungen der Vergangenheit mit ihren verschiedenen Akzenten, von denen hier einige Beispiele genannt seien:
Der Kirchenvater Irenäus von Lyon (2.Jh.) knüpfte die Verbindung zum Gleichnis vom Sämann, der Samen auf guten und schlechten Boden sät. Das Innere des Menschen ist die „gute Erde", die das Samenkorn aufnimmt und wachsen lässt.
Ein anderer Kirchenvater, Ambrosius von Mailand (4.Jh.), identifizierte das Senfkorn mit dem Glauben an Christus, anknüpfend an Mt 17,20. Den Glauben zu haben bedeutet demnach, das Reich Gottes zu haben. „Christus ist Samenkorn, wenn man ihn gefangen nimmt, Baum, wenn er aufersteht, Baum, der der Welt Schatten spendet". Die Äste stellen sinngemäß die Apostel dar.
Hilarius, Bischof von Poitiers im 4.Jh., sah Christus selbst als Senfkorn, das in der Erde sterben muss, um zu umso größerer Herrlichkeit zu kommen.
Auch Papst Gregor der Grosse (6.Jh.) sah das Senfkorn als Christus, klein und demütig in seinem Fleisch, mächtig wie ein Baum in seiner majestätischen Macht. Auf ihm ruhen sich die Vögel aus, die Zweige sind die Prediger.
Der englische Kirchenlehrer Beda Venerabilis (8.Jh.) dagegen identifizierte Christus mit dem Menschen im Gleichnis, den Garten mit der Kirche, das Wachstum des Korns mit der Verbreitung des Evangeliums in der Welt.
Luther (16.Jh.) meditierte über die Schwäche der Kirche und verstand das Gleichnis so, dass Gott sein Reich auf andere Art wachsen lasse als sich die Reiche dieser Welt behaupten.
Calvin (16.Jh.) forderte dazu auf, Trost aus dem Gleichnis zu gewinnen. „Der Herr macht es ganz absichtlich, dass sein Reich auf diese Art zu Beginn kleine und gemeine Anfänge hat, damit seine Macht umso besser

erkannt werde, wenn man die Fortschritte sehen wird, die man niemals erwartet hätte". Christen sind aufgefordert, das Evangelium anzunehmen und zu „hoffen gegen jede Hoffnung".
Die verschiedenen Auslegungen zeigen, dass das Gleichnis schon immer aus mehreren Perspektiven gehört und gelesen wurde.

Eine dritte, kosmopolitische Auslegungsvariante entstand im Kontext der Befreiungstheologie im 20. Jahrhundert:

- Das Samenkorn ist das Wort Gottes, der Baum ist die Veränderung der Welt.

Eines steht fest: Wachstum kann letztlich nicht behindert werden. Ihre Ankündigung mag aller geschichtlichen Wirklichkeit widersprechen, aber so, wie mitten im Leben des Gärtners Utopien zur Realität werden, so wird auch die Herrschaft Gottes plötzlich da sein und die Welt verändern. So wie der Senfsame wächst, so wächst auch das Reich Gottes. Wir Menschen können es nicht machen, es ist Gottes eigenes, wunderbares Werk, das wir nur erwarten, niemals aber selber bewerkstelligen können. Aber sein Handeln umspannt die ganze Erde und alle Völkerwelt. Mit Jesus hat dieses Reich bereits seinen Anfang genommen. Es wird weiter wachsen, so wie der Same wächst. Wenn die Bewegung ausgelöst ist, ist der Erfolg nicht mehr aufzuhalten. Was jedoch das Gottesreich anbelangt, sind wir auch heute noch näher beim Samenkorn als beim Baum.

Literatur

BOVON, F., Das Evangelium nach Lukas (EKK III/2). Zürich/Düsseldorf/Neukirchen-Vluyn 1996.

SCHMITHALS, W., Das Evangelium nach Lukas (Zürcher Bibelkommentar NT 3). Zürich 1980.

STEINER, A./WEYMANN, V. (Hrsg.) Gleichnisse Jesu. Zürich/Basel 1979.

Geführte Phantasiereise

Entspannung:
Sich bequem hinsetzen
Die Augen (wenn möglich) schließen
Die Füße flach auf den Boden stellen
Die Sitzknochen spüren, aufrecht sitzen
Den Kopf locker und gerade halten
Den Unterkiefer leicht fallenlassen
Das Gesicht ist weich und unverkrampft
Die Schultern kurz in die Höhe ziehen und fallenlassen
Das Gesäß und die Beinmuskeln kurz anspannen und dann entspannen
Den Atem kommen und gehen lassen – es atmet.

„Reise“:
Stell dir vor: Du bist ein kleiner Same
Du befindest dich in der warmen Hand eines Menschen
Du wirst liebevoll gestreichelt und sorgfältig in die weiche Erde gelegt
Wie fühlst du dich hier?
Gibt es noch andere Samen neben dir?
Sind andere Lebewesen hier in dieser dunklen Erde?
Du nimmst Feuchtigkeit und Nahrung auf, die du brauchst
Du wächst, dehnst dich aus
Deine Haut platzt
Es wachsen dir kleine Wurzeln, die hinunter zum Wasser wollen
Sie strecken sich
Es wachsen dir kleine Äste, die hinauf ans Licht drängen
Du wächst und wächst weiter, deine Äste ragen gen Himmel
Schau dich um, was siehst du alles?
Du bist ein Baum
Du kannst Zuflucht gewähren
Wen siehst du?
Wer ist in deinem Schatten?

Ausstieg:
Mach ein paar tiefe Atemzüge
Öffne die Augen
Wenn du magst, steh auf, bewege deine Arme wie Äste eines Baumes
Setz dich wieder – du bist jetzt wieder da im Gruppenraum.

6 Garten Eden (Gen 2,4b-17)

Der biblische Garten Eden wird gerne schlaraffenlandähnlich einem Märchengarten gleichgesetzt, welcher zwar perfekt erschaffen, jedoch der hiesigen Welt enthoben scheint. Es mag nun einesteils enttäuschen, dass dieses Bild nicht der biblischen Botschaft entspricht, andererseits aber ermutigen, dass der so genannte zweite Schöpfungsbericht mehr dem aktuellen Anliegen des Menschen entgegen kommt, als gemeinhin angenommen wird.
In dieser Bibelarbeit werden von jeder Person zwei Gärten gelegt. Der Vergleich zwischen der persönlichen Paradiesvorstellung und der Darstellung des biblischen Urgartens führt zu einer genaueren Wahrnehmung der oft als bekannt vorausgesetzten Geschichte vom Garten Eden.

Dauer	*Inhalt und Vorgehen*	*Material*
50′	**Paradies contra Garten Eden** *Einzelarbeit* Gestalten des Paradiesgartens gemäß der eigenen Erinnerung oder Vorstellung *Plenum im Sitzkreis* Vorlesen des Textes *Einzelarbeit* Gestalten des Gartens Eden getreu der Textvorlage *Plenum, Bewegung im Raum* Betrachten der gestalteten Gärten *2er-Gruppen* Vergleich der beiden eigenen Gärten In der Kreismitte visuelles Gestalten des biblischen Gartens Eden durch die Leitung	Legematerial Textblätter Braune kreisrunde Unterlage, Blaues Krepppapier, Trockenfrüchte, Wüstenbilder
60′	**Was sagt der Bibeltext – und was steht dahinter?** *Plenum im Sitzkreis* Gruppenberichte Themengruppen auflisten, Prioritäten wählen Gespräch mit theologischen Informationen	Flipchart
40′	**Synthese der beiden Gärten** *Einzelarbeit* Einen persönlichen realen Brief schreiben *Plenum*	Briefpapier, Briefumschläge, Briefmarken

	Austauschrunde zu den gemachten Erfahrungen Gärten abräumen Ausklang mit Musik	CD: Haydn: Die Schöpfung, CD-Player

Kommentar

Einrichtung im Raum: Neben dem Stuhlkreis und den Tischen mit dem Legematerial muss genügend Platz auf Tischen vorhanden sein, so dass jede Person zwei Gartengestaltungen nebeneinander anlegen kann.

Paradies contra Garten Eden: Nach der Begrüßung wird zunächst den Teilnehmenden das Ziel der Kurseinheit bekannt gegeben: Die Besonderheit des biblischen „Gartens Eden" im Unterschied zum märchenhaften Schlaraffenland soll erfahren und dessen Relevanz für heutige HörerInnen soll deutlich werden. Sodann ist es wichtig, in wenigen Worten den Auftrag für die erste Einzelarbeit zu umreißen. Ziel dieses Einstiegsschrittes ist es, mit der Visualisierung des eigenen „inneren" Paradiesgartens den Teilnehmenden den Unterschied zum biblischen Garten Eden bewusst werden zu lassen.
In einem zweiten Schritt werden die Teilnehmenden mit dem Text vertraut gemacht. Aufgrund dessen gestalten sie nun den Garten Eden, getreu der Textvorlage. Dieser soll neben die erste Gestaltung zu liegen kommen, damit später ein Vergleich möglich wird. Anschließend ist ein freies Herumgehen mit Ansehen aller Gartengestaltungen empfohlen. Danach sollen sich Partnergruppen bilden für das vergleichende Gespräch über die beiden eigenen Kreationen. Dazu empfiehlt sich folgendes Vorgehen: Der Gast vergleicht die beiden Gärten des Kreators, ohne dass dieser dazu Stellung nimmt. Daraufhin reagiert der Autor auf die gehörten Vermutungen und formuliert abschließend, was er sich aufgrund der Reaktionen des Gastes für seinen persönlichen (ersten) Garten ergänzend wünscht (im Sinn der für ihn relevantesten Aussage).
Währenddessen gestaltet das Leitungsteam die Plenumsmitte mit einer bibeltextgemäßen Umsetzung des zweiten Schöpfungsberichts: Auf kreisrundem, erdfarbenem Tuch werden vier blaue Flüsse mit Krepppapier gelegt, radial von der Mitte ausgehend; Trockenfrüchte liegen im Zentrum; Bilder der Wüste (Wasserstellen, Bäume usw.) sind in einem äußeren Kreis angeordnet.

Was sagt der Bibeltext – und was steht dahinter? Sinn der Plenumsdiskussion ist es, einerseits den Teilnehmenden zu ermöglichen, die Differenzen zwischen der eigenen und der biblischen Edendarstellung zu thematisieren, andererseits die spezifischen Aussagen des Textes herauszuarbeiten und den daraus entstehenden Fragen nachzugehen (vgl. unten „Gedanken und Informationen“). Den Verlauf des Gesprächs legen die Teilnehmenden selber fest, indem sie prioritär ihre Fragen und Anliegen vor der Diskussion angeben. Diese werden auf einem Flipchart festgehalten.

Synthese der beiden Gärten: Mit dem Schreiben eines Briefes an sich selber oder an andere Personen, welcher dann (evtl. durch die Leitung) auch real versandt wird, soll der Blick wieder auf die erste Edendarstellung zurückgelenkt werden, aufgrund der erfolgten Diskussion jedoch mit der gewonnenen Ausweitung. So kann die Ausgangsfrage lauten: Wenn nun die erste (eigene) Edendarstellung durch die Erkenntnis der zweiten (biblischen) hindurch betrachtet wird: Wie lautet die zentralste Aussage für den eigenen Garten? Welche Erkenntnisse für die eigene Mitte haben die Teilnehmenden für sich gewonnen? Diese „neue Mitte“ soll nun das Briefthema bestimmen.
Die anschließende Austauschrunde versteht sich als ein freiwilliges Angebot, den andern den selber gewonnen Zentralgedanken mitzuteilen. Zugleich ermöglicht sie den Teilnehmenden eine innere Rückkehr ins Plenum.
Als Schlussmusik nach dem Abräumen der Gärten eigen sich die Sätze 7 und 8 (Rezitativ des Uriel „Und Gott sprach: Es bringe die Erde Gras hervor“ und Arie des Gabriel „Nun beut die Flur“) aus dem Oratorium „Die Schöpfung“ von Joseph Haydn.

Gedanken und Informationen zum Garten Eden

Auf Erden, nicht im Himmel
Das Wunschbild vom Paradies als einem Ort der Freude, der Sicherheit, aber auch der Unerreichbarkeit für den Menschen ist uralt und in der damaligen orientalischen Umwelt recht verbreitet. Auch aus der Bibel kennen wir solche Darstellungen, zum Beispiel wenn man das Glück der Endzeit schildern wollte (Jes 11,6-9; Ez 47) oder Jerusalem beschrieb, wie es der Glaube sah (Ps 46 und 48). So wird mit der Bezeichnung „Paradies“ (der Ausdruck stammt aus der griechischen Übersetzung von Gen 2, vgl. dazu auch die bibeltheologische Einleitung S. 11ff) gern ein ma-

kelloser, idyllischer Ort assoziiert, in welchem zu leben köstlich ist und der reine Freude ermöglicht. Leid und Tod sind diesem Ort fremd. Es scheint sogar, dass dort die Himmlischen den Menschen nahe sind.
Beim genauen Betrachten des „Gartens Eden" aus Gen 2 jedoch gleicht dieser, abgesehen von den beiden Bäumen der Erkenntnis und des Lebens, keinem Zaubergarten und Schlaraffenland. Er könnte sich real irgendwo auf Erden befinden. Zudem ist der Mensch gar aufgerufen, in ihm zu arbeiten (2,15). Nichts von dem, was der Text erwähnt, ist für ihn grundsätzlich unerreichbar. Mit dem Schatten, dem Wasser, der Nahrung und dem Schutz vor wilden Tieren stellt er real das ersehnte Etappenziel eines damaligen Nomaden dar. Das ursprünglich altiranische Lehnwort „Paradies" meint denn auch einen umzäunten Raum und hat damit die gleiche Grundbedeutung wie das hebräische Wort für Garten. So zielt der Begriff auf einen umhegten Lebensraum, in welchem der Nomade vor Gefahren gefeit und zugleich mit dem Lebensnotwendigen versorgt war.

Gutes und Böses – beides schon vorhanden

Trotzdem: Das andere gibt es auch. Dieser Edengarten ist zwar schön, jedoch keineswegs perfekt. Dies zeigt einmal die Tatsache, dass erst im Nachhinein Gott zur Einsicht kam, dass der erschaffene Mensch auf eine ebenbürtige Partnerschaft angewiesen ist. Die Tiere erfüllen ihm dieses Anliegen nur unzureichend. Deshalb erschafft Gott aus dem Menschen die Frau. Sie ist dann das Wesen, in welchem der Mensch – nun als Mann – ein ihm entsprechendes Gegenüber findet und das ihn vorab vom Alleinsein befreit.
Zum andern ist die Erschaffung des Baumes zur Erkenntnis des Guten und des Bösen auffallend. Wenn das Wahrnehmen von Gut und Böse durch Ungehorsam möglich wird, dann sind auch beide Eigenschaften bereits existent, und zwar schon vor der Sündenfallgeschichte. Gutes und Böses müssen bereits beim Schöpfungsvorgang vorhanden gewesen sein; andernfalls wäre ein Erkennen dieser beiden Formen gar nicht möglich. Folglich ist das Böse nicht durch den Sündenfall geschaffen worden, sondern zeigt dort lediglich eine durch den Menschen erstmals hervorgerufene Erscheinungsform. Im Nachhinein macht Gott den Menschen nicht für die Entstehung des Bösen verantwortlich, sondern einzig dafür, dass er sich anmaßen will, das Gute vom Bösen zu unterscheiden und es aus eigener Kraft zu verwalten. Der Ursprung des Bösen selber jedoch bleibt ein Mysterium.

Damit wird deutlich, worin die Bedeutung dieses besonderen Baumes liegt. Es ist nicht der Mensch, der als Handelnder ins Zentrum gerückt wird, so sehr das Verbot in Vers 17 an ihn gerichtet ist. Es geht darum, aufzuzeigen, was dem Leben grundsätzlich förderlich oder aber schädlich ist. Die dem Menschen auferlegte Grenze will ihn nicht einschränken, sondern ihn schützen, gemäss dem Schutzraum, den der Garten Eden für ihn bieten will. Deshalb wird dem Verbot zunächst ein Angebot vorangestellt, das dem Menschen gültige Alternativen aufzeigt (2,16). Mit dem Verbot wird dem Menschen etwas zugetraut, worüber er selber letztlich frei entscheiden kann: Er ist es, der die Vorgabe annimmt oder ablehnt. So treffen in dem Gebot Freigabe und Grenze, Angebot und Verbot zusammen.

Spezielle Geographie
Weshalb aber wird dieser Baum in der Mitte mit diesem göttlichen Gebot belegt? Allein vom dem Bibeltext her ist eine Begründung nicht schlüssig. Hubertus Halbfas weist darauf hin, dass dieser biblischen Geographie ein Weltbild zugrunde liegt, welches in der Antike verbreitet war.

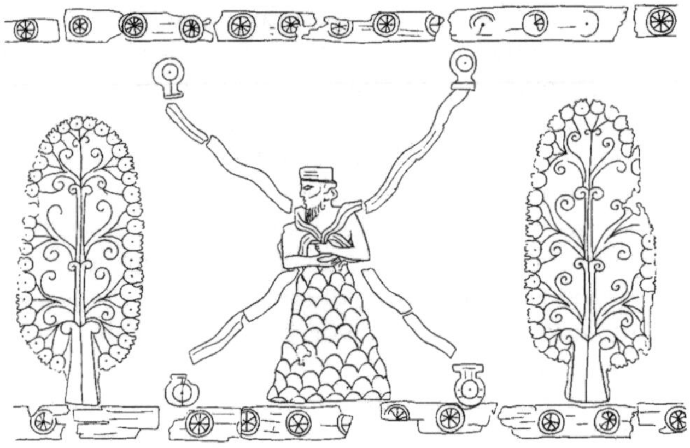

Abb.10: Elfenbeinritzung aus Assur (13.Jh.v.Chr.)

Aus einer unverfügbaren Mitte heraus, die als Achse oder Nabel der Welt Himmel und Erde verbindet, dem menschlichen Zugriff aber entzogen ist, entfalten sich radial die Grundstrukturen des Kosmos. So zeigt eine assyrische Elfenbeineinlage eine zentrale turmartige Gottheit, von

welcher aus vier Ströme in die vier Himmelsrichtungen die ganze Erde bewässern (Abb.10).
Dieselbe Anordnung finden wir später auch bei Stadtanlagen: In der Mitte einer zu gründenden Stadt wurde ein Turm errichtet, welchem ein Aquädukt Wasser zuführte. Dieses wurde dann in die vier Himmelsrichtungen weitergeleitet und ermöglichte eine Fruchtbarkeit im ganzen Stadtgebiet. Eine nach diesem Ritus gegründete Siedlung heißt lateinisch *urbs* („Stadt"); geographisch und wortmäßig steht sie in innerer Beziehung zum *orbis,* dem Weltganzen. Der wortgeschichtliche Zusammenhang verdeutlicht den kosmologischen Charakter dieser Gründungen. Die Stadt war ein Abbild des Kosmos. Die Symbolgestalt dieser Stadt gibt nun auch dem biblischen Garten Eden eine neue Bedeutung, denn Stadt wie Garten haben dieselbe Grundstruktur eines Kosmogramms. Beide sind das symbolische Bild der Welt selbst.
Die geheimnisvolle Mitte, von den Griechen als „Nabel der Welt" bezeichnet, ist der Ort, von dem aus sich nach antikem Verständnis die Welt entfaltet hat. Sie wurde zur Weltachse, die Himmel und Erde verbindet. Deshalb galt vielen alten Kulturen die Mitte als jener heilige Ort, an dem sich Himmel und Erde berühren. Sie war gleichsam das Konzentrat der ganzen Welt. So verwundert es nicht, dass dieser Baum der Mitte der Lebensbaum ist. Das Essen von diesem Baum erscheint als Verletzung einer Dimension, die der menschlichen Eigenmächtigkeit entzogen ist. Wer sich dennoch dieses Unverfügbaren bemächtigt, verletzt das Gesetz des Lebens und zerstört, wovon Menschen in Übereinstimmung mit sich selbst, mit der Schöpfung und mit Gott leben. Die hier mit dem Lebensbaum besetzte Mitte bezeichnet also jene Kraft, die die Welt trägt und im Innersten zusammenhält. Wer nun glaubt, diese Kraft sich verfügbar machen zu können, zerstört nicht fremdes Gut, sondern die eigenen Lebensmöglichkeiten. So betrachtet hat das biblische Verbot eine zwingende Logik, wenn es den Lebensbaum mit dem Tod verbindet.

Literatur

ARENHOEVEL, D., Ur-Geschichte, Genesis 1-11 (Stuttgarter Kleiner Kommentar AT 1). Stuttgart 1988.

DIE BIBEL, erschlossen und kommentiert von Hubertus Halbfas. Düsseldorf 2003[4].

URGESCHICHTEN, Oek. Arbeitskreis für Bibelarbeit (Hrsg). Basel/Zürich/Köln 1985.

7 Was bleibt? (Koh 2,3-11)

Kohelet ist auf der Suche nach Sinn, Glück und Gewinn im Leben. Dazu führt er verschiedene Experimente durch und fragt anschließend danach, ob ihn die eingeschlagenen Wege seinem Ziel näher gebracht haben. Kann ein Leben in Saus und Braus – zu dem natürlich ein wunderschöner Garten gehört – wirklich glücklich machen? Ja! – Und trotzdem, so schließt Kohelet, ist alles Windhauch.
In dieser Einheit gestalten wir unseren eigenen Garten der Fülle und setzen uns, nachdem wir ihn abgeräumt haben, der Frage aus: Was bleibt?

Dauer	*Inhalt und Vorgehen*	*Material*
70′	**Reichtum in Fülle** *Plenum im Sitzkreis* Anspiel zur Einstimmung (siehe Kommentar) Austauschgespräch • Was habe ich erlebt? • Wie ist es mir dabei ergangen? Text reihum lesen *Plenum, Bewegung im Raum* Text im Gehen lesen Wort oder Satz für sich auswählen Sich gegenseitig das Wort/den Satz sagen *Einzelarbeit* Wunschgarten mit der Fülle gestalten *Plenum, im Stuhlkreis* Gärten reihum vorstellen • Was stellt mein Garten dar? • Was habe ich beim Gestalten erlebt? • Wie geht es mir jetzt damit? Offene Austauschrunde	Spielgeld, Schokoladentaler Textblätter Tabletts, Legematerial
15′	**Sich vom Garten verabschieden** *Einzelarbeit, stehend beim eigenen Garten* Vers 11 dreimal langsam vorlesen Garten ruhig und meditativ abräumen *Einzelarbeit* Brief oder Tagebucheintrag schreiben	Papier, Schreibzeug

65′	**Was bleibt?** *Plenum im Sitzkreis* Vers 10b vorlesen Symbol für Lebensglück/Lebensziel aussuchen Gespräch • Was bleibt von der Fülle? (evtl. aus dem verfassten Text vorlesen) • Was ist mir wichtig für mein Leben? (Symbole vorstellen)	Legematerial

Kommentar

Einrichtung im Raum: Auf zwei Tischen am Rand wird das Legematerial ausgebreitet. Ein starker Karton DIN A3 oder ein Tablett pro Teilnehmende sollte als Unterlage für die Präsentation der Gärten zur Verfügung stehen.

Textblatt: Auf dem Textblatt für die erste Sequenz stehen nur die Verse 3-10.
Für den Vers 11, der in der 2. Sequenz nur vorgelesen wird, eignet sich die Zwingli- oder Lutherübersetzung besser, die „Windhauch" oder „haschen nach dem Wind" übersetzen, als etwa die Gute Nachricht, welche die abstrakte Wendung „alles ist sinnlos" wählt.

Reichtum in Fülle: Gleich zu Beginn spielt die Leitung den großzügigen Geschäftsinhaber, der – in Anlehnung an Kohelet – seines Überflusses überdrüssig ist, und all sein Geld den Aktionären (im Spiel den Teilnehmenden) verteilen will. Er erklärt ihnen den Sachverhalt, legt sein ganzes Vermögen (in Form von Spielgeld und Schokoladentalern) in die Kreismitte, bedankt sich bei allen und fordert sie auf, sich zu bedienen.
Die Teilnehmenden werden vermutlich die Ambivalenz erleben zwischen Hemmung und Zurückhaltung auf der einen Seite und dem berauschenden Gefühl, aus dem Vollen zu schöpfen auf der anderen Seite. Oder sie erleben, wie sie, wenn die anderen zulangen, auch ihre anfängliche Zurückhaltung ablegen und schließlich einem „Geldrausch" erliegen. Die anschließende Plenumsrunde geht auf eben diese Erlebnisse ein. Das Geld wird danach eingesammelt und zur Seite gelegt.
Reihum wird nun der Text (bis Vers 10) zweimal gelesen. Alle stehen auf und lesen den Text für sich laut beim Umhergehen. Auf Anweisung der

Leitung suchen die Teilnehmenden ein Wort oder einen Satz aus dem Text, der ihnen wichtig ist und sagen diesen immer wieder, während sie weiter durch den Raum gehen. Auf Anweisung der Leitung begegnen sich dann die Teilnehmenden und sagen sich gegenseitig den ausgesuchten Satz oder das Wort.
Mit dem Gefühl des Überflusses aus dem Anspiel, dem eben gelesenen Text und dem Wort, welches „hängen geblieben" ist, gestalten die Teilnehmenden ihren Traum- oder Wunschgarten auf einem starken Karton oder Tablett (er soll transportabel sein). Sie sollen dabei so richtig aus dem Vollen schöpfen können.
Bei der anschließenden Präsentation im Stuhlkreis ist es wichtig, dass jeweils nur derjenige Garten in der Mitte liegt, der gerade vorgestellt wird. Die GestalterInnen haben Zeit, sich dazu zu äußern, ohne unterbrochen zu werden. Die folgende Plenumsrunde soll sehr offen geführt werden.
Es ist sinnvoll, hier die Pause einzuplanen. Der folgende Teil braucht etwas Distanz zum bisher erlebten.

Sich vom Garten verabschieden: Hier soll eine ruhige meditative Stimmung entstehen, keine Hektik, keine Gespräche. Die Leitung liest Vers 11 mehrmals langsam vor.
Der Text, den die Teilnehmenden nach dem Abräumen ihres Gartens schreiben, kann ein Brief, aber auch ein Tagebucheintrag, ein Leserbrief oder Zeitungsartikel sein.
Es kann für einzelne Teilnehmende sehr schwierig sein, ihren Garten jetzt wieder abzuräumen. In diesem Fall sollen sie nicht dazu gedrängt werden, sondern die Situation, so wie sie ist, in ihr Schreiben einbeziehen.

Was bleibt? Es wird nur der Vers 10b nochmals gelesen (Er lautet in der Übersetzung der Guten Nachricht: „Mit all meiner Mühe hatte ich es so weit gebracht, dass ich tatsächlich glücklich war"). Dieser und der Plenumsaustausch geben wieder Fülle und Freude zurück.
Vor der Plenumsrunde haben die Teilnehmenden Gelegenheit, aus dem Legematerial ein Symbol für ihr Lebensziel oder -glück zu suchen, das sie anschließend auch nach Hause nehmen dürfen. Es begleitet sie in die nächste Zukunft und erinnert sie an das Wesentliche in ihrem Leben.

Diese Bibelarbeit eignet sich gut als Abschluss eines Kurses, da sie Zeit lässt, sich von den Gärten und dem Material zu verabschieden.

Gedanken und Informationen zu Kohelet 2,3-11

Zum Hintergrund des Textes

Das Buch trägt die Überschrift: „Worte Kohelets, des Davidsohnes, des Königs von Jerusalem"(1,1). Das Wort „Kohelet" ist dabei kein Eigenname sondern eine Art Berufsbezeichnung. Die Bedeutung des Wortes ist nicht ganz geklärt. Mit Sicherheit aber steckt dahinter das hebräische Wort *qahal* Versammlung oder gottesdienstliche Zusammenkunft. Das führt zur deutschen Bezeichnung „Prediger" (Luther).

Der Verfasser dieses Textes identifiziert sich offensichtlich zu Beginn seines Buches – später gibt er diese Perspektive auf – mit König Salomo, dem große Weisheit zugeschrieben wurde. Das Buch Kohelet galt in der Tradition als von Salomo verfasst. Das war wohl der Grund, warum es in den Kanon des Alten Testamentes aufgenommen wurde, obwohl darin vergleichsweise wenig von Gott die Rede ist. In den letzten Versen des Buches scheint eine andere Person (vielleicht ein Schüler Kohelets) ein Nachwort verfasst zu haben.

Das Buch Kohelet zählt zur Weisheitsliteratur wie etwa das Buch der Sprüche, Hijob, Jesus Sirach und einzelne Psalmen. Dies sind Schriften, die in irgendeiner Form die Weisheit, die Bildung des rechten Menschen zum Thema haben und im ganzen Alten Orient verbreitet waren. So gab es in Mesopotamien und in Ägypten – und vermutlich auch in Jerusalem – Schulen, wo die Weisheit gelehrt wurde. Kohelet selbst steht zwar in dieser Tradition, gleichzeitig betrachtet er sie durchaus krititsch.

Einige der Äußerungen Kohelets erinnern an ähnliche der frühen Stoiker oder Epikureer, die empfehlen, das kurze Leben möglichst lustvoll zu genießen. Möglicherweise hat Kohelet diese philosophischen Strömungen, vermittelt durch das hellenistische Ägypten, gekannt, direkte Einflüsse sind jedoch nicht zu belegen. Insgesamt bleibt er dem semitischen Denken verhaftet.

Das Buch ist vermutlich in der zweiten Hälfte des 3. Jahrhunderts v. Chr. zur Zeit der Herrschaft der Ptolemäer in Jerusalem verfasst worden. In der östlichen Mittelmeerregion breitete sich zu jener Zeit ein reger Welthandel aus, der gleichzeitig den kulturellen Austausch zwischen den verschiedenen Regionen des ptolemäischen Reiches förderte. Der wirtschaftliche Aufschwung kam jedoch, wie so oft, nur einer bestimmten Gesellschaftsschicht zugute. Diese Situation politischer Unselbständigkeit, wirtschaftlichen Aufschwungs und kultureller Vielfalt in Judäa verunsicherte auf der einen Seite und ließ die eigene Tradition fraglich werden. Auf der anderen Seite ermöglichte sie neue Wege des Denkens und Handelns. Die im Koheletbuch ständig wiederholte Parole „alles ist nichtig, vergänglich....“ charakterisiert die Befindlichkeit der palästinensischen Jüdinnen und Juden jener Zeit.

Lebensfreude und Sinnlosigkeit

Vermutlich gehörte Kohelet der begüterten Oberschicht Jerusalems an. Jedenfalls kennt er die Freuden, aber auch die Gefahren und Risiken des Reichseins. Zum Glück gehört für ihn Wohlstand und Reichtum. Das ist nicht bloß realistisch, es ist ausgesprochen altisraelitisch gedacht. Reichtum ist Segen und Gabe Gottes.

Der Verfasser erlebt die Wirklichkeit jedoch hauptsächlich als große Leere. Die Antworten der traditionellen Weisheit Israels, die einen von Gott überwachten Wirkungszusammenhang zwischen Verhalten und Ergehen postulierte, tragen nach seinen Erfahrungen nicht mehr. Der Blick in die Zukunft macht ihm Angst. Der Tod ist unausweichlich, und angesichts dieser Ausweglosigkeit fordert er dazu auf, die Glücksmomente der Gegenwart voll auszukosten, im Wissen darum, dass diese Momente von kurzer Dauer sind. Er predigt nicht einfach, sondern schreibt ganz persönlich in der Ich-Form von seinen eigenen Erfahrungen. Verglichen mit anderen Weisheitslehrern ist er ein nonkonformer, provokanter Einzelgänger. Auf der einen Seite erklingt immer wieder das „Memento mori“ (bedenke, dass du sterben wirst), auf der anderen Seite ein nachdrückliches, unverblümt hedonistisches „Memento vivere“ (bedenke, dass du leben – und genießen – darfst). Zu einem unbeschränkt genussfähigen Leben ist jedoch nur imstande, wer wohlhabend ist.

Aber der Mensch hat nur eine begrenzte Anzahl Lebenstage, und in der Unwiderruflichkeit des Todes klingt oft ein tragischer Hintergrundton durch. „Völlig nichtig und flüchtig ist alles“ ist das Motto Kohelets, das am Anfang und am Schluss des Buches steht und im Text etwa 30 mal wiederholt wird. Im Hebräischen wird dafür das Wort *häbäl* verwendet, das ursprünglich Windhauch bedeutet, dann aber einen weiteren Begriffsumfang erhält: eitles Tun, Luftgespinst, Staub, Nichts, Täuschung, Wahn, Vergänglichkeit, Nichtigkeit, Leere, Götze. Es ist nicht klar, wo-rauf dieses Motto sich genau bezieht. Meint es die Gesamtheit der Welt, „das All“ als Ganzes oder mit allen seinen Teilen? Oder: „Alles, was Menschen tun, ist sinn- und wertlos“? Oder: „Alles, was Menschen behaupten, beruht auf Täuschung und Irrtum“?

Bei allem Genuss des Lebens, zu dem Kohelet ermuntert, steht die klare Haltung, bei allem Tun „allezeit seines Schöpfers zu gedenken“ (Koh 12,1). Gott als Schöpfer ermöglicht den Genuss, setzt aber auch die Grenze der Vergänglichkeit. „Gottesfurcht“ ist die angemessene menschliche Haltung ihm gegenüber (3,14; 7,18 u.ö.). Die Beziehung zwischen Mensch und Gott ist jedoch distanzierter gesehen als sonst im Alten Testament: „Gott ist im Himmel und du auf der Erde“ (5,1). Kohelet verwendet nicht, wie sonst in israelitischen Weisheitstexten üblich, den Eigennamen Jahwe, sondern den Begriff El (Gott).

Ein erfolgreiches, aber dennoch gescheitertes Experiment
Das Hauptthema des Textausschnittes für diese Bibelarbeit ist – wie im ganzen Buch – das Thema „Weisheit“, „Glück“, „Gewinn“ und die Frage: „Wie komme ich dazu?“. Kohelet denkt über diese Fragen nicht nur nach, sondern unternimmt regelrechte Experimente, die er zum Schluss „auswertet“. Nachdem sich (im ersten Kapitel) das Streben nach Weisheit als nichtig erwiesen hat, versucht er es (2,1-2) mit Lachen und Freude, doch auch das scheint ihm nichts zu bringen. Nun greift er – mit Maß und unter der Kontrolle des Verstandes – zur Droge Wein und startet ein neues groß angelegtes Experiment, das er zum vornherein als Griff nach der Torheit qualifiziert (2,3):
Als ein Mann, der wie König Salomo mit Weisheit und Reichtum ausgestattet ist, kann er es sich leisten, alles, was sein Herz begehrt, anzuschaffen: Häuser, Weinberge, Gärten als gepflegte Parkanlagen mit Bäumen aller Art und Wasserteichen, Sklaven, Rinder, Schafe, Silber, Gold, Sänger, Sängerinnen und Frauen jeder Menge. Sein großer Reichtum ist auch entsprechend ausgeschmückt: da spielen einmal die Gärten eine große Rolle. Unwillkürlich denkt man dabei an das Hohelied mit all seinen wohl duftenden Sträuchern und Bäumen, eine Art „Lustgarten“, wo die Sinne voll auf ihre Rechnung kommen, und wo die Liebe mit all ihrer sinnlichen Vielfalt ausgelebt werden konnte. Die Gärten und Parks setzten im Allgemeinen künstliche Bewässerung voraus, also Teiche, Zisternen und Wasserleitungen. Er erwirbt sich Tiere aller Art. Heute würde man ihn mit einem Großverdiener, einem Milliardär vergleichen, damals entsprach seine Schilderung dem Idealbild eines Königs, das in Israel durch Salomo verkörpert wurde.
Um all den großen Reichtum zu verwalten, braucht es viele Sklaven. Diese werden Seite an Seite mit den Haustieren genannt. Nebst den hausgeborenen Sklaven erwirbt er sich eine Anzahl neue. Er besitzt Gold und Silber wie seinerzeit beschrieben bei der Kriegsbeute Sanheribs zur Zeit des Königs David, die bestand aus 30 Talenten Gold, 800 Talern Silber, Edelsteinen, Schminke usw. Man hat den Eindruck, dass das luxuriöse Bauen von Häusern, Weinbergen und Parks allein dem selbstsüchtigen Vergnügen diente. Der Verfasser hat sich keine sinnlichen

Freuden versagt. Er gibt zu, dass ihm dieser „Weg der Torheit“ tatsächlich die Freude gebracht hat, ja dass die Freude sogar die Mühe und den Aufwand überwog. Kohelet kann also aus Erfahrung feststellen, dass der Mensch sich selbst etwas Angenehmes verschaffen und sich darüber freuen kann. Er stellt sogar fest (2,9), dass dabei die Weisheit nicht verloren gehen muss. Trotzdem beurteilt er das Experiment letztlich als gescheitert. Er wollte für sich herausfinden, ob man dann, wenn man sich alle Freuden der Welt leisten kann, einen Gewinn davon hat. Er versuchte festzustellen, ob echter Lebensgenuss sich verbinden lässt mit einer wach bleibenden, weisen Prüfung, ob er trotz Weingenusses einen klaren Kopf behalten und der Frage nach dem Gewinn nachgehen könne. Er kommt zum Schluss, dass der Mensch keinen dauerhaften Gewinn finden kann, dass das Geschehen ohne Sinn, das Leben befristet sei (2,11). Die Vergänglichkeit überschattet die Freude.

Glück und Gewinn

Glück und Gewinn sind Stichworte, die immer wieder vorkommen. Was jedoch darunter zu verstehen ist, wird nicht näher erklärt. Es sind Fragen, welche die Menschen von jeher beschäftigt haben. Man denke z. B. an „Siddharta“ von Hermann Hesse, Grimms Märchen vom „Hans im Glück“ oder Erich Fromms Ausführungen zum Thema „Haben oder Sein“. Jesu Aussage: „Denn was wird es dem Menschen nützen, wenn er die ganze Welt gewinnt, sein (künftiges) Leben aber einbüsst“(Mt 16,26), lässt sich auch als eine Antwort auf Kohelet lesen.

Kohelet gibt uns keine abschließende Antwort auf die Frage nach „Glück“ und „Gewinn“. Aber die Ernsthaftigkeit, mit der er danach sucht, beeindruckt. Gott wird in diesem Abschnitt nicht erwähnt. Kohelet ist kein religiöser Schönredner oder spekulativer Gottesgelehrter. Er vermittelt eine Botschaft, die bewusst macht, dass es an uns liegt, was wir aus unserem Leben machen. Die Frage nach „Sinn“, „Glück“ und „Gewinn“ kann uns ein Leben lang beschäftigen und uns lebendig halten.

Literatur

KRÜGER, T., Kohelet (Biblischer Kommentar 19). Neukirchen-Vluyn 2000.

LAUHA, A., Kohelet. Neukirchen-Vluyn 1978.

LOHFINK, N., Kohelet (Neue Echter Bibel 25). Würzburg 1980.

MARTI, K., Prediger Salomo. Weisheit inmitten der Globalisierung. Stuttgart 2002.

Weiterführende Literatur

Kommentare zu den einzelnen Texten sind jeweils am Ende der Bibelarbeiten aufgeführt.

Zum Thema Gärten im alten Orient und in der Bibel

BRODERSEN, .K., Die hängenden Gärten von Babylon. In: SARKOWICZ, H. (Hrsg.), Die Geschichte der Gärten und Parks. Frankfurt/Leipzig 1998, S. 38-49.

CARROLL – SPILLECKE, M. (Hrsg.), Der Garten von der Antike bis zum Mittelalter. Mainz 1992.

DAS GILGAMESCH-EPOS, übersetzt von A. Schott. Stuttgart 1969.

DZIONARA, K., Der Garten im alten Ägypten. In: SARKOWICZ, H. (Hrsg.), Die Geschichte der Gärten und Parks. Frankfurt/Leipzig 1998, S. 25-37.

HUGONOT, J.-C., Ägyptische Gärten. In: CARROLL – SPILLECKE, M. (Hrsg.), Der Garten von der Antike bis zum Mittelalter. Mainz 1992, S. 9-44.

KIRCHHOFF, H., Urbilder des Glaubens: Labyrinth – Höhle – Haus – Garten. München 1988.

MARGUERON, J.-C., Die Gärten im vorderen Orient. In: CARROLL – SPILLECKE, M. (Hrsg.), Der Garten von der Antike bis zum Mittelalter. Mainz 1992, S. 45- 79.

MAYER-TASCH, P.C., Der Garten Eden. In: SARKOWICZ, H. (Hrsg.), Die Geschichte der Gärten und Parks. Frankfurt/Leipzig 1998, S. 11-24.

SARKOWICZ, H. (Hrsg.), Die Geschichte der Gärten und Parks. Frankfurt/Leipzig 1998.

STALDER, P., Gärten und Menschen gestern und heute. Bern 2001.

TEICHERT, W., Gärten. Paradiesische Kulturen. Stuttgart 1986.

Bildnachweis

Die Abbildungen 1, 2, 3 und 5 stammen aus: CARROLL – SPILLECKE, M. (Hrsg.), Der Garten von der Antike bis zum Mittelalter. Verlag Philipp von Zabern, Mainz 1992.

Die Abbildungen 4, 6 und 10 stammen von Hildi Keel-Leu, aus KEEL, O., Das Hohelied, Zürcher Bibelkommentare Altes Testament, Band 18, © Theologischer Verlag, Zürich [2]1992, Abb. 72, 92, 94.

Autorinnen und Autoren

Thomas Bär, Pfarrer und dipl. Erwachsenenbildner, Leiter der Fachstelle „Sterben und Trauern" Caritas Zürich, Eglisau/Zürich.

Dieter Bauer, Theologe und Erwachsenenbildner. Leiter der Bibelpastoralen Arbeitsstelle des Schweizerischen Katholischen Bibelwerks.

Gertrud Bolliger, Erwachsenenbildnerin AEB, Psychodrama- und Bibliodramaleiterin, Winterthur/Zürich.

Katharina Funk, Erwachsenenbildnerin und Psychodramaleiterin, Brütten/Zürich.

Lisbeth Güttinger, Erwachsenenbildnerin, Sachbearbeiterin der wtb-Projekte Erwachsenenbildung der ev.-ref. Kirchen der Deutschschweiz.

Verena Olesen, Erwachsenenbildnerin, Maienfeld/Graubünden.

Christian Refardt, Pfarrer, Ottenbach/Zürich.

Brigitte Schäfer, Theologin und Sozialwissenschaftlerin, Projektleiterin der wtb-Projekte Erwachsenenbildung der ev.-ref. Kirchen der Deutschschweiz.

Erika Steiner, Kalligraphin und Bibliodramaleiterin, Brugg/Aargau.

Vreni Wyss-Berli, Erwachsenenbildnerin im Bereich Lebens- und Glaubensfragen, Biographisches Erinnern und Schreiben, Uster/Zürich.

Buchreihe WERKSTATTBIBEL

Band 1 Jesus im Alltag begegnen. Lebenssinn und Lebensstil nach Lukas
Band 2 Vom Klagen zum Jubeln. Psalmen und ihre bewegende Kraft
Band 3 Sehnsucht nach Gerechtigkeit.
Denken und Handeln nach dem Buch der Weisheit
Band 4 Zwischen Himmel und Erde. Berge als Orte der Gottesbegegnung
Band 5 Prophetinnen – Apostelinnen – Diakoninnen.
Frauen in den paulinischen Gemeinden
Band 6 Wenn Gott sich ändert. Dynamische Gottesvorstellungen im AT und NT
Band 7 Erde und Licht. Mit dem Joh-Ev. auf den Spuren unserer Lebenswünsche.